Research on the Legal Protection
of Equal Development Rights
of Children in Distress

周　佳　著

困境儿童平等发展权
法律保护研究

中国社会科学出版社

图书在版编目(CIP)数据

困境儿童平等发展权法律保护研究/周佳著.—北京:中国社会科学出版社,
2023.2

ISBN 978 - 7 - 5227 - 1297 - 0

Ⅰ.①困… Ⅱ.①周… Ⅲ.①儿童—人格—权利—未成年人保护法—
研究—中国 Ⅳ.①D922.183.4

中国国家版本馆 CIP 数据核字(2023)第 021083 号

出 版 人	赵剑英
责任编辑	许 琳
责任校对	鲁 明
责任印制	郝美娜

出 版	中国社会科学出版社
社 址	北京鼓楼西大街甲 158 号
邮 编	100720
网 址	http://www.csspw.cn
发 行 部	010 - 84083685
门 市 部	010 - 84029450
经 销	新华书店及其他书店

印 刷	北京君升印刷有限公司
装 订	廊坊市广阳区广增装订厂
版 次	2023 年 2 月第 1 版
印 次	2023 年 2 月第 1 次印刷

开 本	710 × 1000 1/16
印 张	13.5
字 数	206 千字
定 价	88.00 元

凡购买中国社会科学出版社图书,如有质量问题请与本社营销中心联系调换
电话:010 - 84083683

目　　录

前　　言

习近平总书记强调："人民对美好生活的向往，就是我们的奋斗目标"。党的十九届六中全会将"坚持人民至上"总结为在党领导人民进行伟大奋斗的百年征程中取得胜利的宝贵历史经验。[①] 人民对美好生活的向往包括教育、医疗、就业、收入、居住条件、生活环境等多方面，是实现人的发展权的具体体现。在新发展阶段，习近平总书记强调，"党除了人民利益之外没有自己的特殊利益，党的一切工作都是为了实现好、维护好、发展好最广大人民根本利益。"[②]

党的十八届三中全会提出健全困境儿童分类保障制度。2016 年，国务院发布了《关于加强困境儿童保障工作的意见》，各地开始将之前条块分割的困境儿童保障政策进行优化组合。困境儿童包括因家庭贫困导致生活、就医、就学等困难的儿童，因自身残疾导致康复、照料、护理和社会融入等困难的儿童，以及因家庭监护缺失或监护不当遭受虐待、遗弃、意外伤害、不法侵害等导致人身安全受到威胁或侵害的儿童。为困境儿童营造安全无虞、生活无忧、充满关爱、健康发展的成长环境，是家庭、政府和社会的共同责任。做好困境儿童保障工作，关系儿童切身利益和健康成长，关系千家万户安居乐业、和谐幸福，关系社会稳定和文明进步，关系全面建成小康社会大局。加强

---

① 王嘉毅：《坚持以人民为中心发展更加公平、更高质量的教育》，《教育研究》2022年第 1 期。

② 《习近平谈治国理政》（第三卷），外文出版社 2020 年版，第 137 页。

困境儿童保障工作，确保困境儿童生存、发展、安全权益得到有效保障。① 福利服务一方面要保障个体的发展权，使其能够参与社会、独立谋生或者升学；另一方面保障其有意愿和能力承担建设社会的责任。

2020 年，随着我国脱贫攻坚取得决定性胜利，取得了全面建成小康社会的历史性成就。然而，困境儿童分类保障政策执行在责任主体、保障政策、社会参与机制等方面仍有不足，政策成效有待提高。困境儿童呈现出社会适应不良的复杂性，受到了政府部门和学者们的重点关注。但从已有研究可以看出在理论构建层面，社会适应的概念不统一，社会适应测量内容未能与时俱进；实践应用层面，忽视了困境儿童积极社会适应促进与消极社会适应预防一体化。本书以提升困境儿童分类保障实效为目标，基于新发展理念，依据社会政策过程分析框架，对困境儿童分类保障政策执行的效能与基层福利治理的互动关联进行阐释，探究"预防—发现—救助—效果评估"服务链运行中，困境儿童分类保障政策执行中的悬浮表现，探究其中的深层原因，提升困境儿童分类保障质量的有效性及全过程的运行机制研究。将"创新、协调、绿色、开放、共享"五大发展理念融入发展权的理论建构之中，在认同汪习根等学者从机会、程序、规则、结果四个维度求证发展权的核心在于从形式平等走向实质公平的"以人为本的发展正义观"的基础上，对困境儿童发展权的法律保护进行探究。从以自由或机会为基调逐步转向以发展为基调的儿童权利保障新视角，从保障儿童健康正义、公共参与、经济理性、社会福利、文化公平的视角，探讨困境儿童发展权的实现路径。

在贫困治理诸路径中，教育扶贫基于其基础性与先导性地位，是摆脱贫困的根本之策。2021 年 11 月 10 日，联合国教科文组织发布

---

① 国务院：《国务院关于加强困境儿童保障工作的意见》，2016 年 6 月 16 日，中国政府网，http：//www. gov. cn/zhengce/content/2016-06/16/content_ 5082800. htm，2022 年 5 月 26 日。

《共同重新构想我们的未来：一种新的教育社会契约》（Reimagining our futures together：A new social contract for education）号召形成"一种新的社会契约：一种社会成员间为了共享的利益而合作达成的默示协议"①，报告指出，教育之所以应该而且可以成为一种社会契约，源于对教育具有公共价值的共享愿景。新的社会契约必须以人权为基础，以不歧视、社会正义、尊重生命、人类尊严和文化多样性等为原则，必须涵盖关怀、互惠和团结的伦理，必须强化教育作为一项公共事业和一种共同利益。② 新的教育社会契约要遵循两条基本原则，③ 首先是要确保人们终身接受优质教育的权利，而且认为教育的内容不仅包括文化科学、信息技术、共享知识（Knowledge Commons），还应扩展到团结协作、同情关爱，受教育应该是学习人类世代积累的知识并分享不断转型的集体知识资源的权利。其次，加强教育作为一项公共行动和一种公共利益的理念，与新发展理念相契合。

　　本书讨论七个方面的内容。第一章"新发展理念下的困境儿童平等发展"，从"新发展理念"解读开始，分析"平等发展权的价值谱系"，厘清"新发展理念与平等发展权的共同价值追求"，明确"新发展理念对平等发展权的引领"；在此基础上从历史的角度阐释"儿童权利的概念生成与发展"；揭示"儿童发展与困境儿童的发展风险"，切入主题，从 OECD 重新认识儿童的社会与情感能力的角度，分析困境儿童社会和情感能力的发展风险；提出本书核心观点"在共享发展中实现公平正义"，同时阐释"困境儿童发展的新需求新任务"。第二章"儿童平等发展权的基本内涵"，依据汪习根等人提出的儿童平等发展权框架，分析"以平等为核心的儿童发展权""以发

①　UNESCO. Reimagining our future together：A new social contract for education，November 10，2021，https：//unesdoc. unesco. org/ark：/48223/pf0000379707，June 6，2022.

②　UNESCO，Reimagining our future together：A new social contract for education，November 10，2021，https：//unesdoc. uncsco. org/ark：/48223/pf0000379707，June 6，2022.

③　UNESCO，Reimagining our future together：A new social contract for education，November 10，2021，https：//unesdoc. unesco. org/ark：/48223/pf0000379707，June 6，2022.

展为依归的儿童发展权""以自由为表征的儿童发展权"。第三章"困境儿童平等发展权的法律保障",从"困境儿童平等发展权的法律保障"和"困境儿童平等发展权的实现路径"两个方面,介绍困境儿童平等发展权的提出背景、困境儿童平等发展权实施的法律保护原则,在此前提下提出完善困境儿童平等发展权的法律体系以及困境儿童平等发展权的实现路径。第四章"共同富裕与贫困家庭儿童平等发展权的保障",借鉴贫困人口平等发展权的理论框架,分析贫困家庭儿童平等发展权的现实困境以及共同富裕保障贫困儿童平等发展权的路径。第五章"监护监督与家庭监护缺失儿童平等发展权的保障",从厘清"监护监督"的概念出发,关注遭遇监护侵害的困境儿童平等发展权的保障,从学校、社区、家庭合作共育的角度提供思路。第六章"残疾儿童平等发展权的法律保障",从残疾儿童平等发展权利困境出发,讨论"残疾儿童平等发展权利保护模式",从发展参与权、发展促进权与发展共享权的角度进行剖析。家庭始终是解决困境儿童发展问题最关键的因素,因此,本书的第七章从《家庭教育促进法》的角度,探究儿童发展权实现的路径选择,分析了《家庭教育促进法》"促进型"法律的特征,在家庭教育指导服务方面展开讨论。

第一章　新发展理念下的困境
儿童平等发展

"柏拉图关于社会各等级分工协作、各尽其能的正义构想是对人类社会发展的朴素建构，亚里士多德将发展定位于人的内在潜能的外在化过程；卢梭和洛克将发展与教育相联系，提炼出脱离神权、崇尚人性的发展思想。"然而，"嵌入'欠发达'这种新世界观的'发展'，则是第二次世界大战尤其是联合国成立后的新概念，这构成平等发展权思想的萌芽。"《联合国宪章》第 55 条指出："为造就国际间以尊重人民平等权利及自决原则为根据之和平友好关系所必要之安定及福利条件起见，联合国应促进：较高之生活程度，全民就业，及经济与社会进展；国际间经济、社会、卫生及有关问题之解决；国际间文化及教育合作；全体人类之人权及基本自由之普遍尊重与遵守，不分种族、性别、语言和宗教。"《世界人权宣言》序言"鉴于对人类家庭所有成员的固有尊严及其平等的和不移的权利的承认，乃是世界自由、正义与和平的基础。"第 7 条"在法律面前人人平等，并有权享受法律的平等保护，不受任何歧视。人人有权享受平等保护，以免受违反本宣言的任何歧视行为以及煽动这种歧视的任何行为之害。"1970 年联合国人权委员会委员凯巴·姆巴耶（Keba M'Baye）在题为"作为一项人权的发展权"的演讲中，首次提出了"发展权"这一名词。1979 年 11 月 23 日，联合国大会通过《为增进人权和基本自由的切实享受在联合国系统内可以采取的各种途径、方式和方法》，确认了发展权这一概念。1986 年 12 月 4 日联合国大会通过《发展权利宣言》，其中第 1 条第 1 款明确了发展权的主要原则，即发展权是一项基本且不可被剥夺的权利，全体人类都得共享发展权。"发展权是人的个体和人的集体参与，促进并享受其相互之间在不同时空限度内得以协调、均衡、持续地发展的一项基本人权"，"简言之，发展权是关于发展机会均等和发展利益共享的权利"。① "平等发展权可以解释为免于因侵害而陷入发展障碍的权利。"虽然任何一项人权最终都必须归结到每一个活生生的个人之上，但平等发展权这个范畴更多的是从人际比较的视角来描述人权样式，儿童是一个特殊群体，在儿童中困境儿童的发展权保护应当受到国家、政府、学校和社会的广泛关注和事实保护。从而使他们可以避免因为个体或集体的原因而陷入发展困境，"通过获得均等的发展机会，共同参与、促进发展进程，并公平分享发展成果"②，这一项人权即发展权。

第一节　新发展阶段下的新发展理念

习近平总书记致信纪念《世界人权宣言》发表 70 周年座谈会，强调《世界人权宣言》对世界人权事业发展产生了深刻影响。强调人民幸福生活是最大的人权，奉行以人民为中心的人权理念，把生存权、发展权作为首要的基本人权，协调增进全体人民的经济、政治、社会、文化、环境权利，努力维护社会公平正义，促进人的全面发展。③ 习近平总书记提出了坚持"创新、协调、绿色、开放、共享"的新发展理念。④ 以"发展是第一要务"为立足点，坚持以人民为中

---

　　① 汪习根：《法治社会的基本人权——发展权法律制度研究》，中国人民公安大学出版社 2002 年版，第 60 页。

　　② 汪习根：《发展权法理探析》，《法学研究》1999 年第 4 期。

　　③ 新华社：《习近平致信纪念〈世界人权宣言〉发表 70 周年座谈会》，2018 年 12 月 10 日，中国政府网，http://www.gov.cn/xinwen/2018-12/10/content_5347429.htm，2022 年 5 月 26 日。

　　④ 习近平：《在全国政协新年茶话会上的讲话》，《人民日报》2016 年 1 月 1 日第二版。

心的发展，旨在让发展成果更多更公平惠及全体人民。在五大新发展理念中，"协调"是持续健康发展并由此获得均等发展机会和发展自由权利的外部保障。通过促进城乡、区域、经济与社会协调发展，直面平等发展权实现过程中的现实难题，突破公平发展的瓶颈，确保每一个人都能够在发展进程中收益。"共享"是中国特色社会主义的本质要求，凸显了发展权的实质要义。共享发展以共同获得参与发展的机会为前提，以尽力推动发展进程为纽带，以共同获得发展成果为最终归属，确保实现每一个人的发展权利。

一　平等发展权的价值谱系

平等发展权是从发展权中析出的一项综合性人权，在主客体维度上更加深入，并优化了权利与义务的关系。因此，平等发展权的价值谱系依然体现基本人权所共有的价值，同时也展现出诸多锚定自身而无法被其他权利替代的特殊性价值。

（一）平等发展权的普遍价值

《联合国宪章》《世界人权宣言》等都运用尊严、价值、理性、平等、良心等重要概念来描述人的本性。我国学者汪习根在发展权的法理学基础研究中成果丰富，他强调人权体现了人类对于自身价值的肯定与认可，与自由、平等、秩序、正义等价值相互联系。

1. 平等发展权与自由

自由之于人的价值表现为，在自由中，人才能彰显其主体性，将自我意识转化为现实并不断开发自身的潜能。"人是目的而非手段"是康德对于人性的重要论断，人权正是建立在这一人性论的根据之上[1]。因此，自由也是目的而非手段。平等发展权以自由为出发点和归宿，保证个人不受束缚与强暴，获得自由的发展机会。自由并不意味着为所欲为和随心所欲，而是在法律规定范围内的自由，是服从理

---

① ［德］伊曼努尔·康德：《实践理性批判》，邓晓芒译，人民出版社2003年版，第119页。

性的自由。正如马克思所说，"法律的目的不是为了限制自由而是为了保护和扩大自由。"① 平等发展权所蕴含的自由价值，既包括保证每一个人能够免于外在的压迫与约束，也在于每一个人能拥有自我实现的能力。而后者与平等发展权的自由目的追求更为契合。因此，平等发展权保障了每个人能够享有平等的基本自由，能够享有外部社会环境发展带来的工具性支持。平等发展权还致力于实现人的自我发展和自我超越，拓宽人生命的广度与深度。

2. 平等发展权与平等

平等价值与人权相伴随，并规制其他的法律政策，具体表现为法律上的人人平等、社会经济领域的分配正义以及多元生活方式的互相尊重。个体因为年龄、性别、种族以及社会地位等有所不同，但立法者不能因为人在生理上、才智上以及社会阶层上的不平等而区别对待，社会必须为不同成员的美好生活达成预留发展空间，尊重人民对于不同生活方式的选择。同时，以社会财富分配正义强化保证机会平等的物质基础②。平等发权希望打破或显或隐的社会隔离，实现个体的自由流动和社会发展成果的共享。基于困境儿童的社会性生存，平等价值对发展观的观照，将主体之间的平等问题作为实现发展权的重要指征。从这种意义上来说，平等发展权是旨在消解持续性不平等的人权。平等观并不意味着消弭一切差别而同等对待所有人。平等发展权对机会平等的关注意味着，要通过制度性措施"差别"对待差异以实现保障人权的目的。这就为困境儿童平等发展权的研究提供了可能。

3. 平等发展权与秩序

博登海默（Edgar Bodenheimer）认为，"秩序是自然进程和社会进程中的异质性、连续性和稳定性。"③ 法律就是要将不同的自由纳入

① 《马克思恩格斯选集》第3卷，人民出版社1995年版，456页。

② 黄兰松、汪全胜：《关于人权的几点法理学思考》，《中国青年社会科学》2017年第4期。

③ 〔美〕博登海默：《法理学、法律哲学与法律方法》，邓正来译，中国人民大学出版社2001年版，第226页。

到一个和谐的秩序中，并将冲突与矛盾控制在范围之内，使个体或者组织达成稳定、协调的状态。平等发展权创设的秩序与法律与人权所致力于生成的秩序是契合的。秩序应当是合乎理性与道德，并能够公平地在各个主体之间完成利益分配和保护。因此，公共参与是平等发展权的起点，只有使所有成员不受性别、年龄或民族等外部因素差异限制而拥有平等参与社会的权利，才能打破发展机会的不均等和不对称。平等发展权的理想秩序是社会成员根据自身的需求、发展潜力和实际能力而取得发展机会，平等地参与经济、政治、社会和文化等领域中。

4. 平等发展权与正义

正义是指每个人都能够按照道德上的善及其要求，诚实地扮演自身的社会角色并完成社会任务。正义始终在法律的运行过程中发挥着决定性的导向作用。[①] 平等发展权是关涉分配正义的人权。分配正义至少涉及三方的关系，在平等原则、贡献原则以及需求原则等的指引下对财产与权利等进行分配。[②] 正义与否在法律上是以法律对权利和义务的规定为基准的，法律通过对权利、义务的分配来确立法律上的正义模式，引导着社会正义的方向。正义的目的是促进分配和交换的公平，保障人的权利不受侵犯，通过要求人们为某些行为而增进社会福利。

（二）平等发展权的独特价值

平等发展权在拥有法理学通说上的平等、自由、秩序和正义等价值之外，还因其关注视角不同而具有独特价值，主要表现在三个方面。

整体性。一般意义上的平等权侧重于个体，平等发展权的主体在个人和集体的两个层次中则更侧重于集体。平等发展权更加关注特殊

---

① 孙笑侠：《程序的法理》，商务印书馆 2005 年版，第 87 页。
② ［德］伯恩·魏德士：《法理学》，丁晓春、吴越译，法律出版社 2013 年版，第159 页。

群体的发展权，少数民族、妇女、儿童、残疾人、贫困人口等群体在享有个人应当享有的权利之外，还享有作为特殊群体获得的特殊权利。特殊群体通过法律而得到整体上的权利保障，平等发展权是将其主体作为一个整体来考察的。

全面性。平等发展权强调要素之间的融合与沟通，而其他人权往往只关注一个侧面。平等发展权在客体上强调经济、社会、文化和政治四个方面的互动，任何一个方面的缺陷都是对平等发展权的侵害。

比较性。平等发展权的实现只有通过主体跨时间的纵向比较以及人际和国际的横向比较才得以判断，而其他人权则难以进行量化的比较。可见，平等发展权的独特价值超越了对静态的平等与增长的追求，而是凝聚为一种"公平发展"的新价值。

二 新发展理念与平等发展权的共同价值追求

新发展理念与平等发展权都涉及价值观问题，涉及对于实现人怎样的发展、创造怎样的生活的价值判断与价值选择。新发展理念与平等发展权作为标志性概念，彰显着中国式平等发展道路的价值追求，从价值观层面提供了认识平等发展权的重要视角。

（一）实现人的全面发展

全面发展既是人的发展的恒久追求也体现为新时代的发展目标。"创新、协调、绿色、开放、共享"的新发展理念从理论创新和实践指引的双重维度对当前的发展难题进行回应。其中，创新发展是引领发展的核心动力，协调发展是持续健康发展的基本准则，绿色发展是实现美好生活追求的必要前提，开放发展是提高发展水平的必要途径，共享发展是实现和谐发展的保障。五大发展理念相辅相成，相互联动成有机整体，是在新时代对人的全面发展的路径探索。平等发展权是对发展权和平等权的扩展和深化。平等发展权与新发展理念的核心目标相耦合，同样将人的全面发展作为其重要使命。

（二）发展成果共享

共享发展是新发展理念的出发点和落脚点。共享发展的公共性，要让全体人民共享改革开放的成果，实现全民共享。"社会也是由人生产的。活动和享受，无论就其内容或就其存在方式来说，都是社会的活动和社会的享受"。① 平等发展权不仅包括个体能够平等地进行公共参与和拥有平等的发展机会，还包括分配正义维度中的平等地分享发展成果、获取平等的发展资源。

（三）可持续性发展

平等发展权与可持续发展都体现了以人为本的发展内核，关注人的终极发展问题。可持续发展是平等发展权的独特价值。平等发展权体现的可持续发展观可以从两个方面来理解。一是在生态资源配置方面的可持续发展权，即对于处在自然灾害地区、生态破坏地区、生态环境污染严重地区的个人以及集体给予特殊保护。二是个体获得自我发展的平等机会的权利，即个体的可持续发展能力。既包括个体发展其自身的能力，也包括代际的可持续发展的能力。平等发展权通过为主体赋权增能使其获得可持续发展的能力和外部条件，赋予主体平等的发展机会。

（四）促进社会公平正义

自人类社会产生以来，公平正义就是恒久的价值追求。消除阶级、地位、地域、民族等对人的发展限制，使人们能够"各尽其能"地发展是实现社会公平正义的追求。"不论处在什么发展水平上，制度都是社会公平正义的重要保证。"② 平等发展权对于促进社会公平正义的价值追求是其独特的价值所在。与平等权相比较而言，平等权关注的"平等"侧重于机会和起点的等同性。"平等"能够通过对量与质的计算而获得客观的事实判断。然而公平正义是在超越起点公平的基础之上对过程公平以及结果正义的评判。每个人的身心条件以及社会地位等是不可能完全相同的，也不可能实现绝对的平等发展。因此，应当通过发展实现公平，使发展水平契合伦理道德的主观诉求。

---

① 《马克思恩格斯文集》第 1 卷，人民出版社 2009 年版，第 187 页。
② 习近平：《习近平谈治国理政》（第 1 卷），外文出版社 2014 年版，第 97 页。

三 新发展理念对平等发展权的引领

实现平等发展需要有坚实的物质基础作为发展的基本保障，同时也需要有发展的理念和价值引领。实现平等发展，必须紧扣新发展理念的实践要求，将创新、协调、绿色、开放、共享的发展理念贯彻到平等发展权的实践之中。

（一）"创新"驱动平等发展

"创新"解决的是平等发展的动力问题，是驱动平等发展的动力支撑。坚持创新发展才能为平等发展创造客观的现实条件，并激发人的内源性发展动力。平等发展对外部的社会环境提出了新的要求，因此要以创新引领科技、制度、文化、思想等多个领域的变革。通过科技创新为平等发展奠定良好的物质基础和科技支撑，制度创新为平等发展构建完善的法律体系、文化创新为平等发展营造健康良好的文化氛围和思想基础。真正的平等发展还在于个体的主动性和能动性。创新性与实践性可以视作人区别于动物的类特性。创新发展关注激发个体的创造精神和变革欲求①。平等发展要充分发挥个体的主观性和能动性，给予个体突破外部条件限制的发展机会和能力，最大限度促进个体追求自我实现和全面发展。

（二）"协调"推进平等发展

"协调"解决的是发展中的不平衡不充分问题。协调发展理念"不仅重视城乡、区域、经济与社会、人与自然、物质文明与精神文明、国际与国内的协调，还在每一组协调对象的内部进行深度协调"②。协调发展是实现可持续性发展的内在要求，通过促进不同要素之间的协调发展，应对新发展阶段中在实现平等发展的过程中面临的现实难题。协调发展要求以全面、平衡的理念处理物质文明和精神文明之间的关系。物质文明建设能够改善物质生活，为平等发展权提供

---

① 李娉：《新发展理念与人的全面发展》，《思想教育研究》2019 年第 3 期。
② 汪习根：《新发展理念是实现发展权的根本指引》，《人民日报》2016 年 6 月 8 日。

物质基础。但是人民的美好生活、平等发展权的实现还需要软实力的提升，精神文明生活的提升。协调发展理念推进物质文明和精神文明的协调发展，推进城乡、区域之间的协调发展。平等发展权关注弱势群体的生存发展，加大对贫困地区、农村地区以及民族地区等的支持力度。增强政府部门、社会组织之间的协调合作，保证平等发展权实现。

（三）"绿色"厚植平等发展

"绿色"是可持续发展的必要条件，是增进可持续的平等发展权的本质要求。绿色发展脱胎于马克思对于人与自然关系的论述，并逐步扩展到生态文明、政治建设、文化建设和社会建设的全过程。平等发展权的实现需要正确处理经济发展和生态环境保护之间的关系，促进当代与后代之间的平等发展。绿色发展理念要推动形成与平等发展权相适应的软实力建设。通过打造先进的文化体系，弘扬蕴含公平正义、平等发展的价值理念。以思想价值观念引领政治、经济等多个领域的变革。绿色发展理念要推动空间布局以及生活方式的文明发展，在尊重不同群体原有的生活方式、生态格局的基础之上，提升弱势群体的生活质量和空间品质。①

（四）"开放"拓宽平等发展

"开放"解决的是发展中的内外联动问题，通过拓宽发展空间而克服发展道路上的阻碍，增添发展的新动力。马克思在论述社会关系时谈到，人的解放和全面发展需要建立独立于其自身的丰富的社会关系。社会关系的丰富性在一定程度上决定了个人的丰富性。因此，平等发展权也以建立丰富的社会关系为目标，而这必须建立在开放发展的基础之上。积极借鉴其他国家先进的平等发展权的保障理念和制度，促进平等发展权制度体系建设完善并提高实践水平。通过对外援助等方式，为发展中国家提供援助。通过开放发展，促进人类命运共

---

① 项久雨：《新发展理念与美好生活》，《马克思主义研究》2021 年第 10 期。

同体建设，促进中国在人权保障中的参与和国际分工，推进新的平等发展格局形成。

（五）"共享"保障平等发展

"共享是中国特色社会主义的本质要求。必须坚持发展为了人民、发展依靠人民、发展成果由人民共享。"① 共享发展是发展权的价值追求，是保证每一个社会成员都能够平等地分享社会发展成果的重要指南。共享发展也是实现平等发展权必须要坚持的原则。"共建共治共享"是共享发展的内在要求，在共享社会发展成果之外，共享发展还内含着共同创造发展成果的要求。共享发展要不断提高人的社会参与和劳动参与的自由性和自觉性，强调人的积极性和创造性，每个人都能获得平等地参与劳动的机会。② 共享理念对平等发展的保障还意味着要做好兜底保障，完善法律救济，夯实共享基础。

第二节 儿童权利的概念生成与发展

在了解儿童权利这个概念之前，首先要准确地把握其上位概念，即"权利"和"人权"。权利是在历史中生成的概念，哲学家们通常把权利的概念追溯到雅典时期的罗马法思想。罗马法中存在的一个重要思想基础就是"自然"，即"符合自然的就是正义的"是古希腊人对权利的最初认识，柏拉图就是按照这样的观念来建构他的理想国的。③ 这种朴素的思想不仅成为罗马时期平等观念的基础，也成为近代权利概念的古典根源，那么权利的概念究竟是什么呢？

一 儿童权利的概念

法律意义上的权利概念始于近代，也就是从近代起，哲学家和法

---

① 《中国共产党第十八届中央委员会第五次全体会议公报》，人民出版社 2015 年版，第 14 页。

② 夏森：《共享发展的时代内涵及人学意蕴》，《思想战线》2021 年第 6 期。

③ 陈彦艳：《我国儿童权利保护制度研究》，中国政法大学出版社 2016 年版，第 11 页。

学家们才开始从不同的角度解读权利的本质。17 世纪荷兰法学家胡果·格老秀斯（Hugo Grotius）将权利看作是一种"道德资格"，[①] 霍布斯（Thomas Hobbes）、斯宾诺莎（Benedictus Spinoza）等人均将自由看作权利的本质属性，即他们认为"权利就是自由"。[②] 其中，霍布斯的思想更为极端，他认为"自由就是用自己理性认为的最合适的方式去做任何事情"。康德将权利与人的意志联系起来，他认为"权利是意志的自由行使"。我国的学者也对权利进行了解读，提出了诸如利益说、自由说、意志说等相关主张。从这些对权利的解读中我们不难发现，权利不是一个单一的概念，而是一个包含多种要素、具有丰富内容的概念，当我们将各种关于权利属性的解读结合起来时，才能较为全面地认识权利的本质。一项权利的成立大致包含了五个基本的要素，这些要素包括利益、主张、资格、权能和自由。[③] 第一，利益要素。一项权利之所以存在，是为了保护权利主体的某种利益。利益有可能是个人的，也有可能是集体的；既可能是物质的，也可能是精神的。第二，主张要素。权利背后的抽象含义其实是利益，权利是一种主张，实际上就是允许权利主体对利益提出主张或诉求。[④] 通常情况下，如果利益需要由利益主体通过表达或各种行为来主张，就意味着利益主体的利益受到了侵犯或者处在受侵害的威胁中。第三，资格要素。提出主张需要具备某种条件或身份，简而言之，就是要具备某种资格。资格包括两种，即道德资格和法律资格。当法律权利无法显现或不能达到效果时，道德资格就会发挥作用。例如，外国人在别的国家具有得到平等对待的道德资格，因为道德资格是生而为人就享有的资格。但是，在很多情况下，他不具备得到平等对待的法律资格，因为他没有获得该国的公民身份。第四，权能要素。权能即权威

---

①　夏勇：《人权概念起源》，中国社会科学出版社 2007 年版，第 36 页。
②　夏勇：《人权概念起源》，中国社会科学出版社 2007 年版，第 36 页。
③　王勇民：《儿童权利保护的国际法研究》，博士学位论文，华东政法大学，2009 年。
④　陈彦艳：《我国儿童权利保护制度研究》，中国政法大学出版社 2016 年版，第 12 页。

和能力，是利益、主张或资格成立的前提。权威有道德和法律之分，这两种权威可以与之相对应的两种权利结合或分离，例如人权在之前只是道德权利，但是在获得了法律的认可后，人权就变成了道德权利和法律权利。除了权威，权利主体还需要具备享有其利益、主张或资格的实际能力。第五，自由要素。这里所说的自由是法律允许下的自由，拥有某种权利就意味着拥有某种自由，自由是权利的内容，也是权利的表现。主体行使权利不受法律干涉，是否做出某种行为也不受他人强制。当然，虽然说法律保护了权利主体行使权利的自由，但权利主体也必须遵守法律的限制。如言论自由，法律允许公民以表达自己的意见、建议的方式参与国家管理，但是不允许发表带有侮辱性、煽动性的言论。这五个要素对于任何一项权利的成立来说都是不可或缺的，即权利是为道德、法律或习俗所认定为正当的利益、主张、资格、权能或自由。①

人权的含义十分丰富，具有道德性、文化性、政治性等多个维度。各个学科都可以从本学科出发对其进行解读，但无论从哪一个维度出发，都难免忽略了人权概念的多棱视角。因此，为了获得对人权概念由表及里的认识，应当从探明人权的本质出发。人权是人生来就有的权利，人权是人的价值的社会承认，是人区别于动物的观念上、道德上、法律上的标准。② 从以上对人权的阐释我们可以看出，人权对于人来说是一个非常简单的概念，只要具备人的身份，不需要任何附加的条件就可以享受人权。因此，人权是人与生俱来的权利，每一个生物学意义上的人都具备人权，它不分种族、国籍、语言、性别、宗教、年龄或其他身份地位。正如恩格斯所言："获得了普遍的、超出国家范围的性质的权利，才是人权"。那么人权到底是一种什么性质的权利？它是法律权利还是道德权利？

《世界人权宣言》强调的"有必要使人权受到法治的保护"，表

---

① 夏勇：《中国民权哲学》，生活·读书·新知三联书店 2004 年版，第 311—313 页。
② 徐显明：《人权法原理》，中国政法大学出版社 2008 年版，第 79 页。

明了人权与法律权利的关系，但是人权并不等同于法律权利。从人权的起源上看，人权应该是一种道德权利，因为人最初是在道德的支持下才获得了人权。这就是为什么在人权没有获得法律承认以前，侵害人权只会遭受道德的谴责，而不会招致法律的惩罚，而当人权获得了法律的承认之后，侵害人权不仅会受到道德谴责，也会招致法律的惩罚。人权独立于法律而存在，法律不能创造人权，也不能作为人权的来源。

通过对权利及人权的分析，我们不难看出，儿童是享有权利并且应该是享有儿童特殊权利的独立主体。为了使"儿童权利"这一概念更好地体现出儿童群体的特殊性，在界定儿童权利的概念之前，必须明确以下几个问题。第一，必须承认儿童的独立人权，儿童是"人"，而非成人的附属品，更不是可以随意丢弃的商品。第二，必须将儿童与成人区分开，儿童与成人之间有着本质上的区别，儿童不是成人的预备，而是有着自身独特价值的独立个体。第三，必须满足儿童成长发展的需要，给予儿童贴心的呵护、爱与关怀，保障儿童的合法权益不受伤害。

事实上，受到历史因素的影响和生产力发展的制约，儿童的权利主体地位一直没能得到应有的重视，儿童权利遭到侵害的事件频繁发生。直到20世纪六七十年代，随着儿童保护制度的逐渐确立，儿童权利保护才慢慢进入了人们的视野当中。人们关于"儿童权利"这一概念的界定展开了激烈的讨论，其中对儿童权利的范围、儿童权利的内涵各执一词，很难达成共识。关于儿童权利与成人权力之间的关系更是引起了激烈的讨论，例如，如何解决儿童权利与成人权力之间产生冲突的问题。产生这些争论很大程度上是因为"权利"这一概念本身具有的复杂性和模糊性，权利概念的解释和实际的运作出现不一致的情况是非常常见的，因此对儿童权利概念的争论也是在所难免的。

有学者从权利和人权的国内外保护出发，并结合儿童独有的特点，指出所谓儿童权利，是指儿童在道德层面和法律层面被给予的从事某些行为的自由以及受到某种对待的资格。① 也有学者从人权保护的角度出发，指出儿童权利是指为道德、法律或习俗所认定为正当的，体现儿童尊严和道德价值的，带有普遍性和反抗性的利益、主张、资格、权能或自由的总称。②

二　儿童权利的生成和发展

儿童权利的生成和发展并非一帆风顺，而是经历了一个曲折而漫长的过程。在最初的时间里，人们只是将儿童当作国家的附庸、社会的附庸、成人的附庸，儿童并没有什么实际的权利。后来，随着社会文明的发展和进步，人类的主体意识不断觉醒，儿童的主体地位也逐渐进入到大众视野当中。一大批先进的教育家和思想家率先认识到了儿童的价值和尊严，如洛克、卢梭、裴斯泰洛齐等人，他们对儿童地位的重构推动着儿童权利的发展。到了现代，儿童权利的范围进一步扩大，《儿童权利公约》中规定了儿童享有生存权、受保护权、发展权和参与权，各个国家也相继出台了一系列保护儿童权利的政策和法规，例如我国的《未成年人保护法》《预防未成年人犯罪法》等。为了了解权利对儿童的重要作用，探明人们认识儿童权利的过程，我们必须回到历史中去，考察儿童权利是如何生成和发展的。

（一）儿童权利的生成

对于当今世界上大部分地区的人来说，"儿童权利"这一概念早已司空见惯，以至于在很多情况下，人们认为不再有必要去探寻儿童权利的根源在哪。在这种环境中，人们逐渐形成了一种直觉：儿童天生就有权利，权利是法律赋予的，权利的存在是理所当然、不证自明的。然而正是由于这种直觉，阻碍了我们对儿童权利是如何生成的这一问题的思考。权利的生成问题是一个古老而又陌生、简单而又复杂的问题，只有弄清这一问题，我们才能摒弃对权利的错误理解，真正

---

① 白桂梅：《人权法学》，北京大学出版社2013年版，第211页。
② 王勇民：《儿童权利保护的国际法研究》，博士学位论文，华东师范大学，2009年。

理解权利的本质和内涵。同样的，儿童权利作为权利的一种现实存在形态，对儿童权利的理解也离不开对儿童权利生成这一问题的探究。

"儿童权利"这一概念的从无到有经历了一个漫长的过程，它不是凭空产生的，而是生长在一定的基础之上。首先是思想基础。爱护弱小是人的天性和本能，正是这种本能的善为儿童权利的生成提供了肥沃的土壤。加上世界范围内人权运动的兴起，人们的自我意识不断觉醒，争取自由、渴望平等的愿望也更加强烈。在一定的思想基础以及种种催化剂的作用下，人们开始将关注的目光投向了儿童这一弱势群体。人们逐渐意识到，儿童作为社会中的一个重要组成部分，有着自身存在的价值和意义，因此必须认真思考儿童问题，儿童应该拥有与成人同样的权利。这便为儿童权利的生成提供了思想基础。其次是社会基础。19世纪末，人们开始强调国家和社会对于儿童的责任和义务，儿童的社会地位得到了很大的提升。进入20世纪后，刚刚经历战争的人们无比地渴望和平和安定，承载着国家未来发展希望的儿童受到了前所未有的关注。国际法领域开始将儿童看作是有权利的个体，尤其是经历过战争的苦难，人们更加向往一个民主、平等和充满权利的理想社会。"儿童权利"这个概念于1924年被"救助儿童国际联盟"首次提出，二战后，联合国通过了人权宣言，强调人人在尊严和权利上一律平等。在人权宣言之后，联合国又多次发表了关于儿童问题的文件，促进了儿童地位和权利的不断提升，并成为起草《儿童权利公约》的蓝本，文件处处体现了优先照顾儿童、给予儿童特殊保护的精神，为儿童权利的生成奠定了社会基础。最后是法律基础。随着人类文明的不断发展，人们逐渐意识到儿童像成人一样，是有权利的独立个体，而不只是受保护的对象。尽管国际社会和各个国家都出台了关于儿童权利保护的文件，但是儿童权利这一概念是在《儿童权利公约》中才得以正式确立，因此，儿童权利保护的最高宪章——《儿童权利公约》是儿童权利生成最坚实的法律基础。

（二）儿童权利的发展

儿童的权利不是从来就有的，它的形成与发展经历了一个漫长的过程。在启蒙运动之后，才开始产生儿童权利的概念，洛克、康德、卢梭率先举起了捍卫儿童权利的旗帜，奠定了西方现代儿童权利的思想根基。到了文艺复兴和宗教改革时期，儿童权利的观念开始萌芽，儿童的地位开始受到重视。一战后，在《日内瓦儿童权利宣言》中首次出现了儿童权利的概念，这也是儿童权利这一概念首次登上国际舞台。二战结束以后，儿童权利的理念更加深入人心，也有越来越多的人加入到了捍卫儿童权利的队伍中。

1. 古代社会的儿童权利——儿童权利的萌芽

在古代社会，由于受到自然及自身能力的限制，人类的思想尚处于一种蒙昧的状态。在当时，人们并没有将儿童与成人区别开，"儿童"这一概念尚未被提出，更不用说"儿童权利"的概念了。西方古希腊、古罗马时期，儿童连最基本的生存权都得不到保证，杀婴、弃婴的现象十分常见。

在斯巴达时期，儿童被看作是国家的财产，他们的生存权掌握在长老的手中。国家会派长老对刚出生的婴儿进行严格的挑选，只有身体强壮的儿童才能活下来，而孱弱、患有疾病的儿童将被抛弃，自生自灭。根据世界最古老的法典之一《十二铜表法》记载"婴儿被识别出为特别畸形者，可随意杀之"①。斯巴达人检验儿童是否强壮的手段也十分残忍，如采用婴儿烈酒浴：将婴儿放在酒里泡澡，可以检验他们是否强壮，因为他们认为酒会让虚弱的婴儿抽搐。尽管斯巴达时期对待儿童的方式惨无人道，但是其间也出现了一些教育家和思想家开始关注儿童。柏拉图提出了"寓学习于游戏"，他认为学前教育的主要内容是讲故事、做游戏、唱歌等。亚里士多德提出了反对杀婴的主张（残疾和畸形儿童除外），他强调对儿童进行自然教育，并且在历史上首次提出将儿童的教育阶段按照年龄分期。昆体良主张了解儿童的天赋、倾向和才能，主张对儿童因材施教。

---

① 〔美〕E. P. 克伯雷：《外国教育史料》，任宝祥、任钟印主译，华中师范大学出版社1991年版，第29页。

中世纪时期，基督教成为封建社会形态的精神支柱，"原罪说"和"预成论"等儿童观大行其道，阻碍了人们对儿童的认识。中世纪的人认为"儿童生下来就是有罪的，他们必须从小接受基督教的洗礼才能为自己赎罪"。不仅如此，基督教主张禁欲，从幼年起就抑制儿童嬉戏玩乐的愿望，并且会采用非常严厉的手段来抑制这种表现。"预成论"认为儿童与成人之间的差别只是身体的大小与知识的多少，也就是说幼儿从刚一生下来就是一个小的成年人。受到"预成论"的影响，人们对待儿童的方式十分简单粗暴，整齐划一，丝毫不顾及儿童的年龄特点，兴趣和需要。中世纪的儿童教育也受到了儿童观的影响，教育与体罚之间的关系十分紧密。儿童在家中完全没有自由，他们必须听话、守规矩，否则就会受到严厉的惩罚。在学校中教育者经常是棍棒不离手，挨老师的打是再正常不过的了。尽管中世纪的儿童世界是一片黑暗的，但是在这片黑暗中，我们又能发现一点星光。《旧约全书》第三十二章有"不可入侵孤儿的天地"的规定；伊斯兰经典《古兰经》中也规定："真主告诫我们要照顾孤儿，待他们不得残忍，必须善待"①。正是这种关怀照顾弱者的思想，为人类社会形成对儿童权利给予特殊保护的意识奠定了深厚的道德伦理基础，同样也是现代社会关注保护特殊儿童权利的思想渊源。②

到了文艺复兴时期，"原罪说"遭到沉重的打击，为近代儿童观的诞生铺平了道路。文艺复兴时期注重人的价值，提出以人为中心，主张尊重自然和人权，主张个性的自由发展，反对教会用神权扼杀人性。人的地位提高了，儿童的地位也有所提高，人类进入了"发现儿童"时代。人们对待儿童的态度变得更加积极，一批先进

---

① 李双元：《儿童权利的国际法保护》，转引自叶慧《20世纪历史进程中"儿童权利"的演进》，硕士学位论文，上海师范大学，2012年。

② 叶慧：《20世纪历史进程中"儿童权利"的演进》，硕士学位论文，上海师范大学，2012年。

的教育家和思想家逐渐意识到了儿童的价值，他们发出了尊重儿童、解放儿童的呼声。最具有代表性的人物是伊拉斯莫斯，他批判了当时流行的鞭打等体罚手段，提倡教育应该充满爱和自由。他告诫老师不要把儿童当成小大人，不能用成人的眼光去看待儿童。在儿童的教育中，教师要改变传统的教育内容和教育方法，反对使用体罚、恐吓的手段。虽然文艺复兴是人和世界被发现的时代，但是当时只有少数人文主义者关注到了儿童，社会上把儿童当作附属品来看的儿童观以及"原罪论"的儿童观依旧占据主导地位。儿童依旧隶属于成年人，体罚、鞭打依旧盛行，儿童依然没有真正受到权力意义上的保护。

2. 近代社会的儿童权利——儿童权利的提出

儿童权利问题的提出和保护，是在资产阶级人文主义运动的推动下发展起来的。近代以后，大批的教育家和思想家开始意识到儿童应该是自由的，儿童具有不同于成年人的特点，儿童有自己的特性。人们重新认识并建构了儿童的地位，儿童的权利开始正式受到人们的审视。也正是在这一时期，不同的学者对儿童的权利提出了不同的意见和主张。洛克提出了"白板说"，他认为儿童刚生下来就像一张白纸一样，没有先天的思想和意识，这在一定程度上冲击了"原罪论"的儿童观。他还首次系统地提出"天赋人权"学说来反对"君权神授"思想，天赋人权论动摇了父权论的根基，儿童凭借天赋的自由权，独立于他人的自由意志而成为自己的主人。洛克还指出人拥有"自然权利"，自然权利是与生俱来的权利，是不可被剥夺的，其中包括生存权、自由权以及财产权。儿童与成年人一样，也是拥有权利的主体，任何人不得干涉儿童行使权利的自由。卢梭在《爱弥儿》中提到："应该把成人看作成人，把孩子看作孩子"[①]，儿童有自己的特性，儿童也应该有自己的权利和地位。他还认为"一旦儿童达到有理智的年

①　［法］让－雅克·卢梭：《爱弥儿》，李平沤译，商务印书馆1996年版，第82页。

龄，可以自行判断维护自己生存的适当方法时，他就可以成为自己的主人"，成为自己的主人意味着儿童能够凭借自己的自由意志行使自己的权利，而不是在成人的操控下生活。卢梭的这种自然主义的儿童观本质上是对儿童权利的呼唤，引发了人们对儿童的重新思考，为儿童权利的提出和发展提供了思想基础。裴斯泰洛齐提出了教育心理学化的口号，强调关注儿童的兴趣、需要和年龄特点，对儿童的管理、教学和训育也应该遵循儿童心理发展规律。对儿童心理的研究促进了教育革新运动的进步，也推动着儿童权利的向前发展。

3. 现代社会的儿童权利——儿童权利的发展

进入 20 世纪后，强调自由权的儿童权利陷入了困境。形式自由权利往往只关注抽象的平等，忽视了个体具有的特殊性，反映到儿童问题上，即忽视了对儿童这一群体特殊性的关注，使儿童在实现自由的过程中出现严重的不平等现象。[①] 为了平衡儿童这一弱势群体与强势的成人之间的冲突，国际社会和各个国家开始采取措施，承担起保障儿童权利的责任。国际社会签署了一系列旨在保护儿童权利的宣言，设立了专门保护儿童权利的机构。1989 年颁布的《儿童权利公约》中明确指出："所有的人，成人或孩子，都享有 1948 年国际人权宣言中所规定的所有自由与权利。"《儿童权利公约》的颁布意味着儿童权利真正受到了法律的保护，"儿童权利"完成了由观念转向法律的根本飞跃。随着对儿童权利认识的不断提升，儿童的法律地位得以确认，其权利主体的身份也逐渐得到社会的承认，突出表现在国际国内社会开始积极倡导尊重儿童的表达权，要求在涉及儿童自身事物时应该更加充分听取其意见和观点。

第三节　儿童发展与困境儿童的发展风险

衡量儿童发展水平的维度发生变化，在认知能力之外社会与情感

---

① 汪习根：《儿童平等发展权的法律基础》，人民出版社 2018 年版，第 208 页。

能力（social-emotional competency，SEC），成为衡量儿童发展能力的重要指标，相关的调查研究结果显示困境儿童社会与情感能力相较于普通儿童较弱，而这一能力直接影响到儿童的终身生存和发展，成为我国解决在绝对贫困后困境儿童面临的新的发展风险。

一　社会与情感能力：衡量儿童发展的新维度

社交能力与社会关系质量被研究证实是影响人生活质量的关键因素。目前越来越多的教育者认识到，衡量学生成功的标准不仅是掌握学科知识和通过标准化测验，更重要的是学生具备相应的社会与情感能力。[①] 经济合作与发展组织（Organisation for Economic Co-operation and Development，OECD）成功举办多次"国际学生评估项目"（PISA）测试后，又于 2019 年在全世界范围内开展了社会与情感能力研究（Study on Socialand Emotional Skills，SSES）。OECD 将社会与情感能力定义为个人在正式或非正式的学习中发展起来的思维、情感与行为的一致性，个人能够实现自身目标、获得社会成果以及与他人合作的能力。社会情感能力发展较好的个体能够控制自己的情绪，拥有乐观积极的生活态度，与他人建立健康积极的关系，负责任地解决问题等。OECD 借鉴"大五人格"模型（Big Five Model）建构了社会与情感能力研究框架该框架主要分为了五个维度，任务能力（尽责性）、情绪调节（情绪稳定性）、协作能力（宜人性）、开发能力（开放性）和交往能力（外向性），每个维度又确立三项子能力。任务能力包括责任感、毅力、自控能力；情绪调节的指标包括抗压力、乐观、情绪控制；协作能力的指标包括共情、合作、信任；开发能力的指标包括包容度、好奇心、创造性；交往能力的指标包括乐群、果敢和活力。[②]

---

① Buchanan, R., eds., "Social and Emotional Learning in Classrooms：A Survey of Teachers' Knowledge, Perceptions, and Practices", *Journal of Applied School Psychology*, Vol. 25, No. 2, May 2009, pp. 187 – 203.

② 黄忠敬：《社会与情感能力：影响成功与幸福的关键因素》，《全球教育展望》2020年第 6 期。

近年来，社会与情感能力的研究成为世界教育改革的热点，研究发现社会与情感能力同个人的身心健康水平、认知能力发展水平以及职业发展状况等有密切联系。社会与情感能力已经被证实可以帮助预防儿童和青少年成长过程中的心理问题，较高水平的社会与情感能力能够显著降低学生的问题行为和出现心理问题的风险。[1]　研究证明，社会情感能力能够降低辍学率、减少攻击行为、欺凌行为以及多动问题等。[2]　社会情感能力作为非认知因素，其发展水平影响儿童的认知发展和学业表现。社会情感能力作为非认知能力对个人的社会表现、职业发展以及经济收入等具有重要影响。[3]

社会与情感能力的相关研究结果表明，不同群体之间的社会与情感能力发展水平存在差异。困境儿童面临家庭贫困、自身残疾或者家庭监护缺失等社会性生存问题。家庭的支持力不足导致困境儿童处于监护不利、关爱缺失、发展受限的被动处境，更容易出现心理健康问题，也面临社会和情感能力的发展风险。尤其是深度贫困地区的困境儿童往往陷入多重系统叠加的弱势地位中，加剧了其发展风险。美国对于少数族裔儿童和处境不利儿童的追踪研究发现，这些儿童在社会与情感能力的各个维度上都处于相对落后的水平。[4]　一项以北京和宁夏为例展开的比较研究发现，我国东西部农村地区儿童的社会情感能力存在显著差异。西部地区儿童的社会情感能力发展水平总体上处于

①　Van Noorden, eds., "Empathy and Involvement in Bullying in Children and Adolescents: A Systematic Review", *Journal of Youth and Adolescence*, Vol. 44, No. 3, March 2015, pp. 637 – 657.

②　Durlak, J. A., eds., "The Impact of Enhancing Students' Social and Emotional Learning: A Meta-analysis of School-based Universal Interventions", *Child Development*, Vol. 82, No. 1, February 2011, pp. 405 – 432.

③　Heckman, J. J., eds., "The Effects of Cognitive and Noncognitive Abilities on Labor Market Outcomes and Social Behavior", *Journal of Labor Economics*, Vol. 24, No. 3, July 2006, pp. 411 – 482.

④　West, M. R., eds., "Trends in Student Social-emotional Learning: Evidence from the First Large-scale Panel Student Survey", *Educational Evaluation and Policy Analysis*, Vol. 42, No. 2, March 2020, pp. 279 – 303.

落后水平，而在不同的维度中的落后程度有所差异，在自我认知方面的差异最为显著。① 农村地区的困境儿童社会情感能力发展水平总体上较为落后，具体则表现为自我管理能力、责任感显著不足。

二　困境儿童社会和情感能力的发展风险

全球化和数字化让世界联系更为紧密的同时，也让世界变得更加不确定、复杂和动荡。2021 年经合组织发布的《超越学科学习：社会与情感能力研究首份报告》（Beyond Academic Learning：First Results from the Survey of Social and Emotional Skills）中提出，学校不再仅仅是教给学生一些东西，而是要帮助他们建立一个可靠的罗盘和配置一套工具，让他们自信地在这个世界航行。② 报告指出，学生的社会和情感能力、学生的福祉和学校环境中的社会关系在学生的全面发展中起着很重要的作用。调查发现，处于劣势的家庭社会经济背景对学生社会情感能力，尤其是创造性和好奇心的发展有不利影响。布朗芬布伦纳（Urie Bronfenbrenner）所提出的生态系统理论（ecological systems theory）认为，个体生存的社会环境能够影响其心理发展状态。社会环境的影响可以视作以个体为圆心向外扩展的嵌套结构。③ 系统的核心是个体因素，包括个体的性别、年龄、健康状况等生理和心理因素，依次向外分别是微系统、中系统、外系统、宏系统和时间系统。

（一）微系统中的发展风险

在个体因素之外，与儿童联系最密切的是家庭、同伴群体以及学校等构成的微系统，这同时也是与个体直接产生联系的系统。

---

① 杨传利、毛亚庆、张森：《东西部农村地区小学生社会情感能力差异研究：教师与家长教育行为的中介效应》，《西南大学学报》（社会科学版）2017 年第 4 期。

② OECD, Beyond Academic Learning：First Results from the Survey of Social and Emotional Skills, September 7, 2021, https：//www. oecd. org/education/ceri/social-emotional-skills-study/beyond-academic-learning-92a11084-en. htm, June 6, 2022.

③ 俞国良、李建良、王勍：《生态系统理论与青少年心理健康教育》，《教育研究》2018 年第 3 期。

家庭因素包括家庭的经济地位、家庭结构、父母的教养方式、亲子互动的质量以及家长的教育期望等。有研究发现，充满对抗和冲突的亲子关系能够显著预测儿童的反社会行为以及不良的同伴关系。亲子互动和交流的质量也能够影响儿童的社会与情感能力的发展水平。[1]家庭经济地位对儿童的影响表现在，就读于较高经济水平地位的学校的学生的社会与情感能力发展水平要略高于就读于中低层次的学校的学生。

学校因素则包括学校的教育氛围、校园欺凌、师生关系以及学校归属感。丰富的课外活动能够增加儿童发展社会与情感能力的机会，提高儿童的合作能力、情绪控制能力以及社交技能等。提高儿童参与学校事务决策以及课堂管理的水平可以提升儿童对学校的满意度和归属感，增进社会与情感能力。而困境儿童受限于户籍、家庭经济地位以及自身因素等难以进入公立学校或者高质量的学校。低质量的教育资源以及贫瘠的课外活动加剧了困境儿童出现心理健康问题的风险。

同伴群体的关系质量是儿童心理健康的重要影响因素。研究显示，同伴能够为儿童提供情绪支持、帮助儿童进行情绪调节。因此，同伴关系质量越高，儿童越少出现焦虑、忧伤、愤怒、孤独等消极情绪。[2]困境儿童面临交往融入的难题，在同伴交往中体验到较多的拒绝、排斥、歧视以及欺凌等消极体验。

（二）中系统中的发展风险

微系统之外是中系统，主要是家庭、学校以及同伴群体等各个微系统之间的相互影响。如果微系统之间的互动性较高，则能够为儿童

---

[1] Deković, M., eds., "The Role of Family and Peer Relations in Adolescent Antisocial Behaviour: Comparison of four Ethnic Groups", *Journal of Adolescence*, Vol. 27, No. 5, October 2004, pp. 497 – 514.

[2] Larson, R., Richards, M. H., "Daily Companionship in Late Childhood and Early Adolescence: Changing Developmental Contexts", *Child Development*, Vol. 62, No. 2, April 1991, pp. 284 – 300.

提供较强的支持，促进儿童的发展。当微系统之间互动不畅时则会阻碍儿童的发展。

家校互动会影响儿童的心理健康水平。罗森（Rothon）等人分析了家校互动对儿童的影响，结果表明当家长与学校之间的联系更为密切、家长参与学校互动的程度较高时，儿童的社会情感能力发展较好。[①] 而困境儿童的家庭支持力较低，父母的受教育程度较低，参与家校互动的热情较少，制约了困境儿童社会情感能力的发展。困境儿童的家校合作问题不仅没有形成教育合力、影响学校教育作用的正常发挥，反而放大了家庭的不利因素。困境儿童处于家校合作断裂地带，更难以提高自身的社会与情感能力。

（三）外系统中的发展风险

包裹中系统的是外系统，外系统包含了直接影响微系统的因素，并通过重要他人而间接对儿童产生影响。布朗芬布伦纳认为，家长工作模式、家庭社会资本以及邻居、社区等都是影响儿童的外系统因素。此外，学校课程设置、学校管理模式、教师培训等也是重要因素。父母的工作环境会对儿童产生影响，困境儿童的父母工作环境往往不佳，工作时间较长、工作强度较大、工作压力大。这不仅导致父母缺少陪伴儿童的时间，而且加剧了父母关系冲突和亲子之间的关系冲突，难以养成健康的亲子依恋关系，制约了儿童社会情感能力的发展。居住环境与社区环境也会影响儿童的身心发展。深度贫困地区的困境儿童居住在较差的环境中，不良的生存环境在影响儿童的身体健康之外，还会降低儿童的自尊、社会资本，增加儿童出现问题行为的风险。[②] 社会的整体氛围也是影响儿童的重要因素，当社区对困境儿童的接纳度较高，为儿童提供的支持越多，则能够促

---

① Rothon, C., eds., "Family Social Support, Community 'Social Capital' and Adolescents' Mental Health and Educational Outcomes: A Longitudinal Study in England", *Social Psychiatry & Psychiatric Epidemiology*, Vol. 47, No. 5, January 2012, pp. 697 – 709.

② 陈淑云、陈伟鸿、王佑辉：《住房环境、社区环境与青少年身心健康》，《青年研究》2020 年第 3 期。

进儿童的发展。[1]

（四）宏系统中的发展风险

外系统之外的宏系统包括特定社会文化中的价值模式、风俗习惯以及法律制度等。城乡差异、社会心态变迁、价值标准的变化等都是影响儿童发展的宏系统中的因素。城市与农村之间，因为经济发展水平不同而造成的资源获取、家庭社会经济地位等区别影响着家长的教育观念、教养方式等。传统的重男轻女等思想进一步限制了困境女童的发展，使女童在生命健康、受教育权等中面临发展风险。社会变迁不仅带来了多元价值冲击，而且也带来了价值虚无等不良的社会风潮。俞国良等的研究发现儿童的诚信意识淡漠。诚信缺失也会导致儿童的社会资本紧缩，不利于儿童获得社会支持。教育作为一项人权，在实践中仍存在严重的性别不平等，困境儿童的权益仍然在不断受到侵害。2015 年，教科文组织发布《反思教育：向"全球共同利益"的理念转变？》（Rethinking education towards a global common good？）对"知识""学习"和"教育"的概念进行重新界定，并提出教育和知识应被视为共同利益的理念，从关注个体、个体与他者，延伸至个体与"它者"之间的关系，倡导和谐与可持续性。该报告提出"共同利益"（common good）的理念。"共同利益被定义为人类在本质上共享并且相互交流的各种善意，例如价值观、公民美德和正义感。""在相互关系中实现善行，人类也正是通过这种关系实现自身的幸福。""共同利益是通过集体努力紧密团结的社会成员关系中固有的因素。"[2] 此后，《教育 2030：仁川宣言暨行动框架》（Education 2030：Incheon Declaration and Framework for Action）以确保全纳、公平、有质量的教育和增进全民终身学习机会为总目标，提出要坚持三项基本

---

① Masten, A. S., "Ordinary Magic: Resilience Processes Indevelopment", *American Psychologist*, Vol. 56, No. 3, March 2001, pp. 227 – 238.

② 联合国教科文组织：《反思教育：向"全球共同利益"的转变？》，联合国教科文组织总部中文科译，教育科学出版社 2017 年版，第 69 页。

原则，即教育是一项基本人权与赋能的权利、教育是一项公共利益和教育权与性别平等不可分割。在此基础上，提出了七大教育可持续发展目标包括：确保所有女孩与男孩完成免费、公平及优质的初等和中等教育，并获得有效的学习成果；确保所有女童与男童获取优质的儿童早期发展、保育与学前教育，为接受初等教育做好准备；确保女性与男性都能获得经济上可接受的优质技术、职业和高等教育；提高拥有从事体面职业或创业所需技能的青年和成年人的比例；消除教育中的性别歧视，并确保包括残障人士、原住民和弱势儿童在内的弱势群体在所有教育层面都能接受公平的教育；确保所有青年人和一定比例的成年人拥有读写能力与算术能力；确保所有学习者获得促进可持续发展所需知识和技能。①

（五）时间系统中的发展风险

社会变迁及其对其他系统中因素的影响构成了时间系统，居于整个模型的最外围。② 时间系统中影响儿童发展的因素包括城镇化、家庭结构以及社会经济地位等。社会经济地位与儿童的心理健康水平呈现负相关。处于较低社会经济地位的困境儿童出现心理问题的可能性较高，甚至会加剧抑郁、焦虑等不良情绪和犯罪行为。较低的社会经济地位也意味着较低的社会支持水平，同样不利于对儿童社会情感能力发展的保护。城镇化进程中，城市流动困境儿童还面临社会融入、教育融入等一系列结构性问题。

第四节　在共享发展中实现公平正义

发展权与自由、平等、秩序、正义等价值相互联系、密不可分。

---

① 张民选、卞翠：《教育的未来：为教育共建一份社会新契约》，《比较教育研究》2022 年第 1 期。

② 俞国良、李建良、王勍：《生态系统理论与青少年心理健康教育》，《教育研究》2018 年第 3 期。

共享理念作为新发展理念的重要构成，其思想内涵体现了促进社会公平正义的本质追求。以共享发展理念对困境儿童平等发展的引领包括思想旨归与实践要务，并涉及经济、政治、社会、文化等多个领域和不同维度。

一 困境儿童发展的新需求新任务

儿童平等发展权要实现包括困境儿童在内所有儿童的机会平等和分配正义。与普通儿童相比，困境儿童的初始发展利益自然状态以及社会状态都表现出了事实上的不平等。关注困境儿童平等发展权的最终落脚点是保障困境儿童公平地支配和使用发展资源，尽可能消除不利因素对困境儿童发展的抑制和影响。新时代中困境儿童的发展需求也产生了新变化，主要包括健康正义、公共参与、经济理性、社会福利和文化公平五个方面。

（一）基于健康正义的困境儿童发展

生命健康是困境儿童平等发展权最根本的要求。生命健康是儿童平等发展的基础，只有拥有健康的体魄和良好的心理状态才能谈及进一步发展。新时代中，困境儿童的发展需求不再是只能够维持生存，而是还要能够健康地生存。基于健康正义的平等发展以"正义"为价值引领。困境儿童的健康发展权也不同于一般的健康权，而是在健康权的基础上，增加健康正义的维度。调整国家、社会以及各类组织等主体与困境儿童之间的关系，保障困境儿童拥有接受国家的健康医疗服务并享有救济的权利。确保困境儿童能够拥有健康而营养均衡的食物、安全的饮用水，以及安全、卫生的住房条件。保障儿童能够获得基本的医疗支持、基本的药物、基础卫生保健等。困境儿童平等发展权要保障儿童拥有必需的生存资源，并且能够得到倾斜性的政策扶助和保护。对困境儿童的保护要在对比一般儿童与困境儿童、城市儿童和农村儿童、发达地区与不发达地区的儿童等的不同的发展水平和发展机会的基础上，对于处在欠发达地区、发展水平低下的困境儿童基于倾斜性的保护，满足其平等发展的利益诉求。

（二）基于公共参与的困境儿童发展

参与权保障的是儿童能够基于自己的自由意志主动地参与某些活动或者发展进程。因此，参与权的核心是，儿童能够分享权利并且能够参与到具体的决策过程之中。儿童能够获得参与权影响儿童的可持续发展，参与权的缺失不可能实现儿童的积极发展，也不可能发展儿童的主动性和社会参与的能力。困境儿童因自身条件限制，在社会情感能力中的社会意识中发展不足，其参与权得不到保障。提高困境儿童的公共参与度是新的发展需求。

困境儿童的公共参与包括参与准入和深度参与两个发展进程。在准入中，保障困境儿童被群体承认与接纳，拥有信息的知情权以及自由表达的权利和参与决策的权利。家庭、学校以及社区在决策时，应当充分倾听困境儿童的意见，帮助儿童增加自尊和自信，发展其社会情感能力，增强其自我保护的能力。除此之外，参与的广度与深度以及参与的持续性也是衡量参与程度的重要指标。在困境儿童获得基本的参与准入之后，持续地保障困境儿童的参与。不妨碍困境儿童获得信息的权利，是发展的进一步目标。

（三）基于经济理性的困境儿童发展

市场经济下，经济的非理性表现会危及困境儿童的平等发展。尽管困境儿童并不属于经济活动的主体，但是这并不意味着儿童平等发展权的实现要脱离经济意义上的相关权利而实现。财产以及工作等领域的权利都与困境儿童的发展密切相关。传统认知中将儿童视为未完成的人，视为成人的附属物，因此也无从说起主张儿童的财产性权利。尽管儿童的某些财产性权利需要监护人的辅助或者代理，但是对儿童主体地位的尊重保证了儿童能够在一定限度之内获得独立的财产支配权。此外，儿童还具有劳动权利和获得劳动保护的权利。然而困境儿童面临由于自我保护意识薄弱等而被视为廉价劳动力的风险，成为被压榨和剥削的对象。深度贫困的家庭，困境儿童可能会过早地进入劳动市场成为童工。这无疑损害了困境儿童的必要权利。因此为困境儿童提供劳动保护显得尤为重要。

（四）基于社会福利的困境儿童发展

《儿童权利公约》指出："凡是以促进儿童身心健康发展与正常生活为目的的各种努力、视野即制度等均称为儿童福利。"困境儿童享有社会福利是其平等发展权的重要组成部分。社会福利能够为儿童提供社会保障并提高儿童对抗和抵御风险的能力，并且能够帮助儿童摆脱因残疾等生理缺陷带来的发展障碍，帮助儿童摆脱因为社会关系贫困市场经济盲目性等导致的权利缺失。社会福利不只是国家强制性的福利支持，广义上的社会组织、非政府组织等提供的发展援助以及救济等也属于社会福利的内容。而且，国家为一元主体的单一福利保障难以囊括困境儿童生存的细枝末节，以国家、社会组织等建立的社会福利网络能够实现保障内容和形式的双向互动、多向拓展，为困境儿童的权利提供坚实的发展空间。

（五）基于文化公平的困境儿童发展

文化公平意味着困境儿童能够享有公平的受教育权、能够共享文化资源以及文化发展成果。不受歧视地接受教育是困境儿童的文化公平发展的重要一环。困境儿童的文化公平的发展意味着要使困境儿童能够享有同等的优质、均衡的教育资源，加强对困境儿童的教育的特殊关注。融入新的发展理念，打破区域、城乡等不平衡的藩篱。完善法律、法规以及教育制度建设，首先在政策层面保障困境儿童的平等受教育权和对教育均衡发展的指引。同时要关注解决困境儿童在教育中面临的现实入学难、升学难的问题。保障贫困儿童的受教育权，尤其保障贫困地区女童的受教育权利。解决残疾儿童、智障儿童等特殊教育的问题以及融合教育的问题。做到对困境儿童的精准帮扶，充分尊重儿童的意愿。文化公平的平等发展还体现在休闲、娱乐以及艺术活动的获得中。困境儿童缺少参与艺术活动以及休闲娱乐活动的机会，应当创设条件保障儿童拥有参与文化互动以发展自身、陶冶性情的闲暇生活权利。

二 共享发展明确困境儿童平等发展权的思想旨归

罗尔斯在论及"正义"的重要性时写到，"正义是社会制度的首要价值，正如真理是思想的首要价值一样。"困境儿童平等发展权的基础就是实现社会参与的机会公平以及发展成功的分配正义。实现这一追求需要强有力的思想指引，而共享发展契合困境儿童平等发展权的理论要求。共享理念以实现全体人民共享发展成果为归宿，要以提升经济社会的建设质量和水平为现实基础，以实现社会公平正义和人民群众对美好生活的追求为发展的根本指向。共享发展理念观照下的困境儿童平等发展权，要以共享的理念看待困境儿童的各项权利，保证困境儿童在空间维度上拥有共享经济、政治、社会以及文化等发展成果的权利，在时间维度上保障困境儿童的可持续发展。《发展权利宣言》在序言中经过反复论证，提出了发展权的人权属性，即"发展权是一项不可剥夺的人权，发展机会均等是国家和组成国家的个人的一项特有权利"。其中发展机会均等是发展权的核心，在这一核心中，资格平等是起点，参与、促进和享有强调了贯穿全部发展过程的平等，充分实现人权则是根本归宿。

（一）共享经济发展成果权

"经济发展权是个体劳动权利和享受劳动成果权利的统一，是指社会成员都具有参与经济发展活动并获取经济活动带来的利益的权利。"[①] 困境儿童的经济发展权则表现在困境儿童的劳动发展权以及困境儿童共享经济发展成果的权利。《儿童权利公约》中有对于儿童劳动发展权的规定，缔约国应当保护儿童的劳动权利，避免儿童陷于经济剥削或者进行有损于身心健康的劳动。保障困境儿童的劳动发展权，要通过规定儿童参加工作的最低年龄，限制工作时间、工作类型

---

① 汪习根：《法治社会的基本人权——发展权法律制度研究》，中国人民公安大学出版社 2002 年版，第 301 页。

和工作强度等。共享理念还要求保障困境儿童能够公平分配经济发展成果，促进经济成果分配从形式平等向实质正义转变。经济发展成果不仅限于经济财富，生活资源、政治文化资源等社会公共资源都是可资分配的对象。精神性的公共资源是促进人的自由发展、提高人的能力的重要发展性资源。困境儿童共享经济发展成果的权利还应当重视每一个儿童都有权利享有能够促进其身心发展、精神发展以及社会能力发展等的生活水平。

平等发展权视野中的公平，首先表达的是一种机会公平。对于公平的机会，世界银行是这样描述的"一个人的成就，应该是她或他努力以及才能的结果，而不是由其所拥有的背景决定的"但是，如果说儿童的发展成果与家庭条件没有因果关系才能算真正的机会公平的话，那么很显然这是不可能实现的。每个人生来就存在智力、体制、家庭背景和人际关系等方面的差异，这些因素相互交织，相互影响，影响着每个人的发展。因此分析机会公平最有效的方式是从反面进行分析，也就是分析儿童发展中存在的不公平，然后致力于解决这些不公平。

对于处在受教育阶段的儿童来说，机会公平中教育公平是最大的公平。然而就目前来看，当今中国仍存在着公共教育资源在地区、城乡和不同人群之间分配的不平等，这也必然会导致弱势群体儿童享受教育资源时机会不公。一方面区域间教育机会不平等，东部地区的儿童享受了比西部地区儿童更多更优质的教育资源。另一方面城乡间教育机会不平等，占总人口更多的农村儿童仅享受了30%的教育资源，城镇各类学校中无论是硬件设施还是师资队伍的质量都要明显优于农村地区。这在一定程度上违背了教育发展成果共享的原则，侵害了处境不利儿童的文化发展权。教育公平是儿童享有平等发展权的应有之义，为了确保这一目标的实现，必须致力于解决教育中存在的不公平问题。确保每位儿童都享有受教育的权利和条件，为儿童提供相对平等的受教育机会，同时使每个儿童接受同等水平的教育后能达到一个最基本的标准。确保公平与全纳的教育是 2030 年教育可持续发展的总目标之一。教科文组织 2020 年发布的《全球教育监测报告》（Global Education Monitoring Report）指出，由于资源和机会的不平等分配持续存在，公平和全纳已成为 2030 年议程的核心。进入新世纪，尽管全球在减少极端贫困方面取得了进展，特别是在亚洲，但是全球每 10 个人中仍有 1 人处于极端贫困状态。儿童所面临的风险更大，特别是在撒哈拉以南非洲地区，据估计，全球有 258 亿儿童、青少年和青年没有上学，占全球总人数的 17%。在低收入和中等收入国家，来自最富有的 20% 家庭的青少年完成初中学业的可能性是来自最贫穷家庭的青少年的 3 倍；在完成学业的学生中，来自最富有家庭的学生在阅读和数学方面达到最低水平的可能性是来自最贫穷家庭的两倍。在 10 个低收入中等收入国家，残疾儿童在阅读方面达到最低熟练程度的可能性比非残疾儿童低 19%。① 世界银行在 2019 年发布的《终结学习的贫困：需要做些什么》（Ending Learning Poverty：What will it take）报告中，将"学习贫困"描述为 10 岁儿童仍不具备阅读和理解一个简单文本的能力。

（二）共享政治发展成果权

政治发展权是公民可以在更大范围参与国家管理和公共生活的各项事宜。禁止歧视并且保证所有人都能够得到平等政治发展权是涉及公民权利与政治权利关系的一项基本权利。政治发展权保障公民能够在更大程度上进行公共参与，参与国家管理过程以及社会生活的方方面面。政治发展权拒斥一切歧视，保证所有人得到平等和有效的保护。避免个体因为种族、民族、宗教信仰、性别、社会地位等任何理由而遭受歧视。困境儿童的平等发展权保障儿童拥有共享政治发展成果的权利。《儿童权利公约》也规定了儿童的基本政治权利。儿童拥有言论自由权利，能够通过口头语言、书面语言或者其他各种艺术形

---

① 张民选、卞翠：《教育的未来：为教育共建一份社会新契约》，《比较教育研究》2022 年第 1 期。

式等可利用的媒介来传递自己的思想。儿童还享有宗教信仰自由、结社自由以及和平集会的自由的权利。

程序公平最早可以追溯到普通法上的自然正义原则，随着普通法在美国的发展，法律程序的概念得以确立。程序公平指的是制度安排中有一套固定的程序和标准，在处理社会事务的过程中，任何当事人的正当权利都可以按照制度安排中的程序和标准得到无差异的对待。儿童平等发展权中所蕴含的程序公平，既包括在审理困境儿童的相关案件时应遵循公平的法律程序，还包括在困境儿童的发展资源分配过程中也要遵循相应的程序公平。起点公平对儿童发展的重要性不言而喻，然而贯穿于平等发展权法律保障制度和运行的全过程的过程公平同样重要。

儿童平等发展权实现过程中的程序公平，就是指儿童享有民主参与的权利，民主参与是保障儿童平等发展权的内在需要。民主参与的表现之一就是尊重每一位儿童的参与意愿，保证每一位儿童都能在关涉到自身利益的事务中发表自己的观点、提出自己的意见，与他人进行商讨提出解决问题的方法。例如闲暇时间的安排、班级组织活动的形式和内容等。在发展政策实施的过程中，程序公平主要体现为中央政府对欠发达地区的扶持，地方政府对特殊主体的照顾，以及地方政府之间的协作。① 从这个意义上来说，儿童平等发展权的程序平等就表现为对弱势群体儿童的照顾和扶持。国家通过政策调控使优质教育资源向农村地区、偏远地区倾斜，同时加强对农村贫困儿童、流浪儿童、孤儿等弱势群体的帮扶力度。政府认真核对本地区特殊儿童的实际情况并对其进行特别关照，保障儿童谋求平等发展并享受人类发展成果的权利。

（三）共享社会发展成果权

社会发展权是困境儿童因为社会发展而享有的社会保障和社会福

---

① 汪习根：《平等发展权法律保护制度研究》，人民出版社 2018 年版，第 44 页。

利的权利。困境儿童共享社会发展成果的权利，即要求社会集体将社会保障和社会福利事业作为社会发展必要的责任，积极构建保障困境儿童平等发展的社会福利体系、建设系统化社会制度。困境儿童福利应包括促进儿童的生理、心理及社会发展的各项福利措施和服务，主要表现为四个方面①。一是困境儿童的基本生活保障需求，在任何阶段平等地获得满足其生长发育需求的营养，有适宜居住的安全、稳定的居住场所。二是困境儿童健康和医疗保障需求，包括基础性预防保健服务、主要传染病预防②，必要的医疗援助。尤其是对于残疾或患病的困境儿童，应保证高质量的医疗服务和康复治疗，并对其监护人提供援助。三是困境儿童受教育权。通过教育帮扶等手段对困境儿童接受义务教育的权利予以保障。同时发挥正规教育系统和非正规教育系统的协同作用。四是困境儿童社会保护和支持系统。设计符合困境儿童特点的社会保护和支持体系和《困境儿童救助法》，加大对困境儿童的财政投入③。并对困境儿童的发展情况进行定期检查，保证儿童权利得到有效保障和共享社会发展成果。

无论是机会公平还是程序公平，都要以规则平等为依据。规则公平是社会公平体系重要的构成部分，权利、机会、规则、制度的不公是导致我国社会不公的主要原因。规则公平主要包涵三重含义，一是形式公平，也就是立法上的公平，例如我们常说的"法律面前人人平等"就体现了形式公平。二是实体公平，指的是权利与义务对等，权利与义务同时存在。不能只行使权利不承担义务（特权），也不能只承担义务不行使权利（奴役），每个人都要自由地行使权利，忠实地履行义务。三是法律中无例外，法律规定对任何公民的合法权益都要予以保障，对任何公民的违法行为都要依法追究，不允许例外存在。

---

① 金红磊：《困境儿童福利可及性：内涵界定与制度构建》，《江西社会科学》2021 年第 1 期。

② 姚建平：《从孤残儿童到困境儿童：适度普惠型儿童福利制度概念与实践》，《中国民政》2016 年第 16 期。

③ 程福财：《家庭、国家与儿童福利供给》，《青年研究》2012 年第 1 期。

总而言之，任何人都在法律约束的范围内，任何人在法律上一视同仁。

规则指的是制度或章程，规则公平就是指社会成员在参与社会活动的过程中，遵守同一套行为准则、按一定程序办事。这里所说规则既包括普遍的规则，也包括具体的规则，普遍的规则是指法律、政策等对全部社会成员起约束作用的规则；具体的规则是指各个领域各个部门在不违背法律的前提下制定的规则。当规则违背普遍性、正当性、合法性原则时，就会出现所谓的"潜规则""暗规则""特权"等，使得公平遭到严重破坏。

（四）共享文化发展成果权

儿童的文化发展权是指，儿童有资格自由地参与、促进和享受文化发展所获利益的一项权利。[①] 共享文化发展成果的权利也是平等发展权的重要内容，核心是"文化发展上的机会均等与成果共享"。困境儿童参与文化成果分配要遵循正义的原则，反对一切垄断或独占文化发展成果的行为。文化发展的机会、文化进程参与以及文化促进的权利等都应该符合社会公平正义的追求。对于困境儿童来说，共享文化发展成果的权利包括拥有教育发展权、思想文化发展权、文化生活发展权等。困境儿童拥有享受文化发展对教育事业的推动的权利和获取教育信息及其资源的权利，能够平等地接受普通教育、特殊教育以及职业教育。文化生活发展权表现为困境儿童享有休闲娱乐权和文化活动权。我国《未成年人保护法》规定，博物馆、科技馆、公园等公共文化服务机构应当对儿童优惠开放。应鼓励困境儿童参与文学或艺术活动，并保护其在创作活动中获得的社会价值和经济利益。共享文化发展成果权也意味着要保证困境儿童获取信息的权利，制作采用少数民族语言的儿童读物。传播有益于困境儿童生存的信息和资料，关注少数民族儿童、农村儿童、残疾儿童等困境儿童的真实生活，消除

---

① 汪习根、王信川：《论文化发展权》，《太平洋学报》2007 年第 12 期。

社会歧视。

平等发展权的实现逻辑建立在机会公平的基础之上，并通过基于程序公平的行动过程，参照规则公平的依据，使得财富、资源、利益和负担在全体社会成员之间公平分配，以缩减和消除贫富悬殊，促进主体之间的协调发展，实现人际、区际乃至国际诸层面的实质平等，最终实现结果公平。① 在一定规则的限制下，按照一定的程序去操作就会出现某种结果，如分配的结果、评判的结果。结果有可能是公平的也有可能是不公平的，不能将结果公平的概念等同于收入在数量上或质量上的相等，因为这不是公平而是平均。平均在一定的社会背景下和特定的历史时期是公平，但是在当今社会显然不是。在中国传统社会中，结果公平是国家安定的基石，是人们追求公平的根本目的，在人权的话语体系中，将结果公平当作平等发展权的内容具有十分重要的意义。一方面，结果公平是平等发展权实现的预期目标。儿童的平等发展权在法律的保护、确认下，从一种应然意义上的道德权利，转向了实然意义上公平发展的社会关系。在权利运行的整个过程中，结果公平最终指向的是目标，如果与这一目标有所偏离或者是相分离，前面所讲的机会公平、程序公平和规则公平就有可能会流于形式，而无法扭转当前发展差异逐渐扩大的局面。另一方面，结果公平是发展平等权实现的衡量标准。发展平等权是否实现以及在多大程度上实现需要一定的标准来衡量，这个衡量的标准通常是一些结果性的参数，因此结果公平就满足了衡量平等发展权是否实现的标准。

当然，不同领域中的结果公平会通过不同的形式表现出来。例如在与儿童发展权实现紧密相关的教育领域中，教育结果的公平是一种公正的不等同，也就是说即使受教育者在各种资源方面都获得了公平对待，但是他们最终发展的结果也不可能是等同的。教育中的结果平等主要是通过教师对待学生的方式表现出来，因为教师是教育结果公

---

① 汪习根：《平等发展权法律保护制度研究》，人民出版社 2018 年版，第 46 页。

平的责任主体，确保教育公平的前提是教师能够无差别地对待学生或做到"有教无类"，使每个学生都能得到同样的关怀。[①] 它包含两个层面的含义：一方面是学生在接受学校教育的过程中，教师能够无差别地对待每一个学生，教师要对所有的学生都抱有期待，不能因学生的学业成绩落后就歧视学生、放弃学生，而是要关注每一个学生的发展，促进每一个学生的全面发展。另一个方面教师要因材施教，不仅要为学生打好基础，使学生能够适应社会的发展，同时也要发展学生的个性特长，对每一个学生因材施教，让每一位学生的潜能都能最大限度地发挥。

三　共享发展明确困境儿童平等发展权的实践要务

共享发展从理论和理念指引中体现平等发展权的价值追求，又从发展的实践高度标注了平等发展权的共享成色。着眼于新时代困境儿童平等发展权的任务要求，只有从新发展理念出发，践行共享发展理念，促进社会公平正义，才能更好地彰显平等发展的核心旨归。因此，要完善困境儿童平等发展权的法律保障制度建设，确保制度建设和实践执行的有机统一。1986 年提出的《发展权利宣言》，其中明确规定了"发展权是一项不可剥夺的人权""每个人和所有各国人民均有权参与、促进并享受经济、社会、文化和政治发展，在这种发展中，所有人权和基本自由都能得到充分实现"[②]。联合国 1989 年 11 月 20 日决议通过的《儿童权利公约》指出："确保儿童生命权、生存权和发展权的完整是儿童权利公约的四大原则之一"，联合国儿童问题特别会议通过的《适合儿童生长的世界》指出，应该使儿童"权利没有任何差异地受到促进和保护"，世界儿童问题首脑会议上签署的

---

① 吴全华：《教育结果公平的内涵及其衍生规定》，《教育理论与实践》2008 年第 25 期。

② 联合国：《发展权利宣言》，1986 年 12 月 4 日，国务院新闻办公室，http://www.scio.gov.cn/ztk/dtzt/34102/35574/35577/Document/1534188/1534188.htm，2022 年 5 月 26 日。

《儿童生存、保护和发展世界宣言》第15条明确，确保儿童"在一个安全的、保护性的环境中能够发现自己的特性，认识到自己的价值"①。我国《宪法》第33条第3款规定"国家尊重和保障人权"，其中，"尊重"要求国家不得不当干预公民的基本权利，"保障"则特指国家负有实现公民基本权利的义务。②《国务院关于加强困境儿童保障工作的意见》（〔2016〕36号）指出："在党和政府的高度重视下，我国保障儿童权益的法律体系逐步健全，广大儿童合法权益得到有效保障，生存发展环境进一步优化，在家庭、政府和社会的关爱下健康成长。同时，也有一些儿童因家庭经济贫困、自身残疾、缺乏有效监护等原因，面临生存、发展和安全困境"③，儿童发展权内涵的"平等"价值理念、制度构建与社会实效之间仍有一定张力。

（一）完善立法体系设定责任义务

困境儿童平等发展权的保障需要通过立法手段设定具体的责任义务，以及相关强制性惩罚手段。应在法律文本中彰显困境儿童的基本保护原则，以作为解决困境儿童发展问题的价值导引。具体原则包括儿童最大利益原则、平等发展原则、尊重儿童原则和多重保护原则。困境儿童平等发展权的实现需要国家、社会、社区、学校以及家庭之间形成保护合力。通过规定不同主体的具体责任，才能将困境儿童的平等发展落到实处。2016年国务院印发的《关于加强困境儿童保障工作的意见》关注了困境儿童的全面发展，然而难以为困境儿童提供全面的有力保障。因此，加快构建有关困境儿童平等发展权的专门性立法，弥补当前困境儿童保护力度不足的困境。在立法中明确新发展理念下困境儿童贡献给社会发展成果的权利，对困境儿童的公共参与、社会福利以及文化发展等方面的权利进行细化完善。本着开放发

① 汪习根：《平等发展权法律保障制度研究》，人民出版社2018年版，第205页。
② 王锡锌：《个人信息国家保护义务及展开》，《中国法学》2021年第1期。
③ 国务院：《国务院关于加强困境儿童保障工作的意见》，2016年6月16日，中国政府网，http://www.gov.cn/zhengce/content/2016-06/16/content_5082800.htm，2022年5月26日。

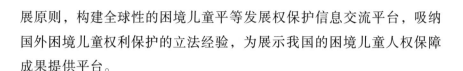

展原则，构建全球性的困境儿童平等发展权保护信息交流平台，吸纳国外困境儿童权利保护的立法经验，为展示我国的困境儿童人权保障成果提供平台。

（二）健全司法制度保障权利落实

司法制度是保障困境儿童平等发展权由应然形态走向实然形态的重要保障。困境儿童受到自身的知识水平或发展水平的限制，难以有效运用法律维护自身的正当权利。健全的司法保护体系是保障困境儿童平等发展权落实的坚实后盾。儿童权利保护的国际性公约中明确要求加强少年司法人员的专业化水平。不断增强少年司法人员的儿童权利保护意识，加强法律素养培育以及儿童和青少年发展心理学的培育，提高司法人员的知识储备和心理辅导技能。完善困境儿童的法律援助制度建设，优化困境儿童法律援助服务网络，不断向深度贫困地区、偏远地区延伸，明确不同主体的权利与义务，保障每个儿童都能共享法治社会的发展成果。优先受理困境儿童的法律援助案件，提高法律援助的效率。

（三）构建行政保护指明发展方向

困境儿童平等发展权的行政保护是指各级行政部门、运用法律赋予的行政权力、遵循既定程序并采取行政手段开展的贯通全过程的法律保护。困境儿童的行政保护依托于国家相关政策与制度，体现了国家儿童保护的基本理念，指明困境儿童平等发展权的发展方向。困境儿童平等发展权的行政保护是一项涉及民政部门、教育部门、医疗卫生部门等多个领域的综合性、系统性工程，需要各个环节之间的联动配合与协调发展。政府可以通过购买服务等方式，吸纳社会组织参与困境儿童发展保护，为困境儿童提供有针对性、专业化的服务项目。构建完善、有效的行政保护制度还需要严密的法治监督体系做保障。习近平总书记指出，"没有监督的权力必然导致腐败，这是一条铁律。"[①]

---

① 《习近平总书记系列重要讲话读本》，学习出版社、人民出版社2016年版，第92页。

借鉴国外的儿童保护经验，可以设立儿童保护的专门性监督机构，对困境儿童平等发展权保护相关的行政主体以及国家公务员进行监督、调查和处置工作。

（四）优化社会法治增强权利意识

优化困境儿童平等发展权的社会法治模式，要为困境儿童营造共享发展成果、追求公平正义的良好社会环境。从困境儿童自身、社会成员以及社会组织三个方面出发，提高困境儿童平等发展权的现实可能性。[1] 一是增强困境儿童自身的权利保护意识。通过法治教育、人权教育等加深儿童的权利意识，提高儿童知法、用法和自我保护的能力。培育困境儿童的社会情感能力，增强儿童的社会参与度，培育儿童独立解决问题的能力。二是要在社会层面构筑困境儿童平等发展权的法律信仰。增大对困境儿童保护的宣传力度，提高社会成员保障困境儿童权利的法治意识，形成公平正义的社会价值追求。营造良好的社会文化氛围，消除对困境儿童的歧视和排斥，激发社会成员保护困境儿童平等发展、共享社会资源的积极性。三是要重视社区在保障困境儿童的发展权中的重要作用，完善社区儿童保护机制。在村民委员会、居民委员会等基层群众组织中设立"困境儿童权利监察员"或"困境儿童福利督导员"，负责其管辖范围内困境儿童的信息收集、成长监控等，积极与相关部门协调困境儿童保护工作。同时，可吸纳教师、心理治疗师、家庭教育指导师等专业人员形成志愿服务团队，对困境儿童家庭进行关爱帮扶活动。

---

① 宋丁博男：《论我国儿童发展权的法律保障》，博士学位论文，武汉大学，2018年。

第二章　儿童平等发展权的基本内涵

在法律主体体系中，儿童是一个特殊主体，或通过民事（及刑事）行为能力制度给予特别对待，或通过专门的立法如《未成年人保护法》给予特殊保护。儿童的发展与父母的发展水平密切相关。较低的经济水平和较高的生存压力直接影响到父母的教养方式，而不同的教养方式对儿童自尊的形成至关重要。在其成长过程中将面临家庭、学校、社会等多个维度的发展障碍，确定儿童平等发展权是阻止发展失衡在代际传递的有效方式。儿童平等发展权的实现所追求的状态是儿童发展机会的获得取决于儿童的能力，而无关家庭、地域、民族、经济状况等因素，追求的是一种更深层次的平等。儿童平等发展权作为儿童权利的重要内容，已经引起了国际社会以及各个国家的关注。各个国家都在致力于消除儿童群体之间的不平等，如贫困地区与发达地区儿童之间发展的不平衡，残疾儿童、流浪儿童、孤儿等弱势群体儿童与普通儿童之间发展的不平衡。平等发展不仅是形式上的平等对待，更是实质意义上的社会平等，儿童平等发展权的内容十分丰富，其主要包括经济发展权、政治发展权、文化发展权、可持续发展权和自由发展权。

发展权体现在儿童有权接受正式和非正式教育来充分发展他们的体能和智能，并享有促进他们的生理、心理、道德和社会发展的生活条件。[①]《儿童权利公约》顾及各国的传统以及各种文化观念对于促

---

① 陆士桢、魏兆鹏、胡伟：《中国儿童政策概论》，社会科学文献出版社 2005 年版，第 175 页。

进孩子们的和谐发展具有重要意义，特别指出国家、社会和家庭都有义务帮助他们的成长。因此，《儿童权利公约》对儿童的发展权作出了明确的承诺。《儿童权利公约》中涉及儿童发展的大约有25项条款，这些条款涉及儿童的生存和发展，健康和保健服务，监护人的抚养责任，生活标准，受教育权，休闲娱乐和文化生活等儿童生活发展方面；还涉及了虐待和忽视儿童，难民儿童，残疾儿童，性剥削和性虐待，童工，儿童战争和不公平地处理儿童等困境儿童保护措施方面。

《儿童权利公约》的各个条款不但涉及了各个方面的儿童的权益，还涉及了更多的关于发展的权利。《儿童权利公约》规定：（1）儿童有权利用公共传媒获取对身体和精神有益的资料；（2）儿童享有接受教育的权利；（3）儿童享有娱乐和休息的权力；（4）儿童有权参与他们的文化和艺术活动；（5）儿童享有思想自由、信仰自由和宗教自由的权利；（6）儿童有权交朋友，参加社会活动；（7）为孩子提供足够和营养的食品。它的目标是确保儿童在生理、智力、精神、道德、个性、社会性等各方面都能得到充分、合理的发展。

平等是一种有关人与人之间的关系和社会地位的观念和理想，它包括机会均等、条件均等、结果均等等。同时，平等作为一种价值信念，也是衡量人类社会文明发展水平进步的标准之一。而《儿童权利公约》中的平等主要体现在它的非歧视原则中："缔约国应遵守本公约所载列的权利，并确保其管辖范围内的每一儿童均享受此种权利，不因儿童或其父母或法定监护人的种族、肤色、性别、语言、宗教、政治或其他见解、民族、族裔或社会出身、财产、伤残、出生或其他身份而有任何差别。"这里的平等，是为了使孩子享有同等的人格尊严和发展的权利，使他们有充分的机会和全面的保障，使他们在法律层面不因出身、性别、种族、民族、宗教信仰等先天的或成长生活中具体阶级地位与社会文化的不同而受到歧视。总之，儿童平等发展权是指"儿童发展机会均等和发展利益共享的权利。"坚持平等发展，是促进我国儿童发展权得以落实的必由之路。因此，儿童发展的各个领域和各个方面都应该包括平等发展权。

第一节 以平等为核心的儿童发展权

在法学思想史上，平等被认为是社会契约的一个组成要素。在卢梭（Jean-Jacques Rousseau）看来，"基本公约并没有摧毁自然的平等。"① 基于自然生理在力量或才智上的不平等，通过社会契约，并根据权利，使得人人平等。德沃金（Ronald Dworkin）将平等称为"至上的美德"，在权利概念上建立其平等理论，并认为"平等的关切要求政府致力于某种形式的物质平等"②。《儿童权利公约》第2条强调所载的权利"不因儿童或其父母或法定监护人的种族、肤色、性别、语言、宗教、政治或其他见解、民族、族裔或社会出身、财产、伤残、出生或其他身份而有任何差别"，表达了儿童在人权享有上的平等资格。

一 儿童权利平等的主要内容

儿童是国家的未来，民族的希望，肩负着中华民族伟大复兴的历史重任，儿童的健康成长关系着一个国家未来的发展状态。儿童是社会中的一个特殊群体，尽管他们拥有与成人同样的法律权利和主体资格，但是与成人相比，儿童权利意识和主体意识发展尚不健全，需要得到来自家庭、学校、社会多重保护。自1989年《儿童权利公约》将儿童发展权规定为儿童的一项基本权利后，儿童的发展权逐步受到国际社会的持续关注。然而，现实生活中儿童发展权的前进之路却并不平坦，儿童的发展权利和发展经常遭到侵害和剥夺，侵犯儿童发展

---

① ［法］让－雅克·卢梭：《社会契约论》，何兆武译，商务印书馆2001年版，第34页。
② ［美］罗纳德·德沃金：《至上的美德：平等的理论与实践》，冯克利译，江苏人民出版社2003年版，第3页。

权的问题令人忧虑，如何更有效、更全面地保障儿童的发展权应该是国际社会以及各个国家共同关注的问题。

儿童平等发展权是儿童作为独立主体的价值属性，是作为"人权"的"发展权"在彰显"平等"这个层面对儿童权利的延伸与深化。只有当平等成为儿童权利的核心价值，且人人都能够意识到从发展的角度出发来实现权利主体之间的平等时，儿童的发展权就获得了生长的土壤。儿童发展权深深扎根于"人是目的"这一基本前提，每个儿童都是一个独立的价值主体，在童年时代享有平等获得政治、经济、文化各方面发展资源的权利。基于以上分析，儿童平等发展权的内涵应该理解为：儿童有资格平等参与文化教育、公共生活、经济社会发展进程并公平享受发展的成果的权利。① 因此，可以说平等发展权是以儿童发展为价值取向，通过整合儿童自由发展、平等发展、全面发展而形成的一种综合性的权利，从而形成的自由、平等、发展三位一体的儿童权利新概念。

（一）受教育权平等

受教育权是平等权利的一个重要因素，即"人们不受政治、经济、文化、民族、信仰、性别、地域等的限制，在法律上享有同等的受教育权利、在事实上具有同等的受教育机会。"② 平等受教育权是指儿童受教育的机会平等、条件平等、结果平等。受教育权的机会平等包括入学、升学、求学机会的平等；条件平等包括学习、生活的物质保障以及心理层面上的平等；结果平等则包括学校的管理制度、考核评价制度平等。

《儿童权利公约》第28条指出："儿童都有接受教育的权利。小学教育应当免费，同时每个儿童都应当拥有接受中等和高等教育的机会，应当鼓励所有儿童去接受尽可能高层次的教育。学校在处理学生纪律问题时，应当尊重学生的权利，并且永远不能使用暴力。"本

---

① 汪习根：《平等发展权法律保护制度研究》，人民出版社2018年版，第209页。
② 袁振国：《当代教育学》，教育科学出版社1999年版，第417页。

文认为，我国儿童教育平等性体现在三个方面。

一是受教育对象的权利平等。《儿童权利公约》着重指出，18周岁以内儿童不论性别、种族、宗教等主观和客观因素均有权参加学校和社会的学习。而且作为子女的监护人，既不可擅自剥夺子女的这项权利，又不能不尽到保护子女接受教育权的责任。总之，不论受教育对象有何种身份背景，他们都有平等权利广泛学习。

二是受教育层次的机会平等。于国家而言，我国的初等教育应当从普通的教育中脱离出来，由政府负担起普通的教育费，即落实义务教育，保障儿童平等的基础教育机会。此外，从社会角度看，要改善与儿童中、高等教育衔接的条件，并为其创造更多的中等、职业和高等教育机会，为儿童提供求学的机会。而且要求儿童在学校的发展机会与评估制度应当公平、公正、公开。对于家长而言，则应该尽可能地使子女的学习愿望得到兑现，也应该鼓励他们主动地为每个孩子的接受教育提供服务，不能对他们的学业进行任何的限制，甚至是缩短他们的学业。

三是受教育的条件平等。这要求由国家设立的义务教育学校按人均，大致平衡教育资源，如教学设备条件、师资条件等，从而实现教育质量公平。受教育权条件的平等包括物质因素和精神因素。正如国际人权公约所确定的那样，联合国各成员国的教育职责是：初级教育是免费的，是义务的，是以一切适当的方式普及各种形式的教育，向所有人开放，保证所有人遵守法定入学义务，保证所有公立学校在同一水平上的教育标准是平等的。①

所以，全民享有免费教育应该是我国的一项重要工作。当前，在世界各国，接受教育的权利已得到了普遍承认和基本保证。应当努力促进教育的机会、程序和成果的平等、从量到质、从团体到个人，都

---

① ［瑞典］格德门德尔·阿尔弗雷德松、［挪威］阿斯布佐恩·艾德：《世界人权宣言：努力实现的共同目标》，中国人权研究会组织译，四川人民出版社1999年版，第577页。

要力求做到公正。

（二）获得信息权平等

信息权利是指法律赋予信息特定相关人的获取信息权、信息公开权、信息财产权、信息传播权等信息其他利益权利，以及控制信息排除他人使用或获取该信息的权利。信息获得权是我国公民享有的一项基本人权。是指人们利用法律手段和渠道，不受阻碍地获得各类资讯。其条件是，获得的资料的方式和方式是正当的，而未经法律许可的，或是以非法方式获得的，都不能被视为公民的一般权利。另外，公共资讯的渠道必须畅通无阻，任何人或组织都不能设置障碍。

《儿童权利公约》第17条指出："儿童有权通过网络、收音机、电视、报纸、书籍和其他方法获得信息。监护人应当确保儿童不会接触到有害信息，给予适当的指导和帮助。各国政府应当鼓励媒体以儿童能够理解的语言传播来自多种渠道的信息。"由这一条款，本文认为，儿童获取信息权的平等性主要表现为三个方面。

一是获取信息的平等权利。这一点着重指出，首先，每个孩子都应该享有获得信息的权利。其次，每个孩子都有权决定使用何种方式获得信息。最后，每个孩子均有权请求他们的监护人给予恰当的协助。二是获取信息时的待遇平等。信息获取平等待遇是指儿童获取信息时，一方面信息内容处理平等，即儿童获取的信息应有利于儿童学习和生活，有利于儿童精神愉悦；另一方面，外部环境对儿童的态度是平等的，国家、社会媒体和监护人都应尽力帮助儿童消除不良信息，鼓励儿童多方获取信息。三是信息获取的渠道平等。一方面于儿童而言，儿童获得信息的每一种渠道均有被利用的机会；另一方面于外界环境而言，外部环境所提供的信息渠道是平等的，儿童通过各种途径（如网络、电视、广播等）获得信息。各国应认识到媒体的重要作用，并保证让孩子们从各种国内和国外渠道获取信息，特别是那些为促进他们的社会、精神和道德幸福的信息和材料。

（三）生存发展权平等

生存发展权包含两项权利，生存权和发展权。生存权是指每一个儿童都应该享有的对自己生命权以及维持基本健康生活需求的生活条件保障权。它的特别含义如下。第一，生命权是指儿童的生命不被随意地、非法地剥夺，也没有贵贱之分。生命权是人类与生俱来的一种人权，它是人类享受其他各种权益的根本。第二，儿童必须有足够的安全条件来维持他们的基本的健康生活，儿童创造一个符合其生理和心理需求的良好的社会环境。发展权是指儿童均享有全面发展个性、智力和身体素质的权利。从广义上说，发展权具有参与性，参与家庭、学校、社会活动，有利于儿童的成长。加强对少年儿童的素质教育，使其获得更多的物质财富，保障其发展的权利。

《儿童权利公约》第6条约定："缔约国确认每个儿童均有固有的生命权。缔约国应最大限度地确保儿童的存活与发展。"每个儿童都享有自己的生命权利。国家政府应该尽力保障儿童们的生活和发展。这一条公约把儿童的生存权界定为一种具有两种含义的生命和健康权，即这两种权利是儿童的一种最重要的人权，同时也是一种保障和落实其他各种权利的基础。因此，生存发展权平等包含生存权平等和发展权平等两个方面。

一是生存权平等。生存权平等包含两个层面的意义。一方面，儿童生存权的享有平等。生存是所有的人，不分国籍、种族、年龄、宗教信仰、财富、教育以及身份等条件，一律平等享有的普遍权利。生存权是人之作为人享有或应该享有的权利。另一方面，儿童生存权应有公平保障。要保持所有儿童正常的生活标准，不但要供给满足基本的生活需要，还要供给诸如食物、衣服、住房等，才能让儿童有尊严地活下去。当然，这个"合理的生活水平"的具体尺度，要综合考虑各国和区域的经济发展水平、社会环境、福利制度、社会安全制度等方面的因素。

二是发展权平等。发展权蕴含着自由平等的基本价值，而保护其发展权利则是当代儿童立法的价值追求。联合国1989年通过《儿童权利公约》，第一次将保护儿童权利的国际要求和信仰转变为政府的义务。该条约规定，缔约国应就其与儿童相关的行为承担法律责任。发展权的平等有两方面的含义。第一，是从权利行使外部条件上来看，其行使途径是平等地参加包括生命发展和充分参与社会、文化和教育的个人发展和其他必要的活动，促进儿童发展。第二，从儿童自身的条件方面看，给予各种级别的孩子特别援助，有天赋的孩子和有缺陷的孩子都有同等的机会。

（四）休息娱乐权平等

休息娱乐权指儿童享有为维护自己的身体健康和保持工作效率而休息、娱乐的权利。其目标是使儿童消除疲乏，使身体和心理得到充分的发展，保障儿童有机会接受业余学习，并持续地提升他们的专业技能和思维能力。

《儿童权利公约》第31条规定"儿童均有权享有休息和闲暇，从事与儿童年龄相宜的游戏和娱乐活动，以及自由参加文化生活和艺术活动""缔约国应尊重并促进儿童充分参加文化和艺术生活的权利，并应鼓励提供从事文化、艺术、娱乐和休闲活动的适当和均等的机会。"我们通常喜欢教导儿童"学习优先于一切"，其实是在剥夺儿童的娱乐权利。休息娱乐权的平等体现在以下两个方面。

一是休息娱乐权利平等。儿童均有休息和参加娱乐活动的权利，但若不规定休息时间、创造娱乐活动的环境，否则很容易使孩子被迫工作受到压榨。所以，政府和社会应当重视儿童的平等休息娱乐权利并为那些基础条件薄弱的儿童提供帮助。二是休息娱乐条件平等。休息娱乐活动的基础条件于儿童平等，这需要各国有充足的休闲娱乐基础设施，例如科技馆、美术馆、博物馆、体育馆等，以满足孩子们消遣和进行游戏的需要。

二　保障儿童发展权平等的基本原则

（一）最大利益原则

保障儿童发展权、促进儿童全面发展的核心准则是最大利益原则。在以成人主导的国家中，充分重视儿童最大利益是人类发展权利的一大进步。直到《儿童权利公约》颁布后，"最大的儿童权益"理论才真正地被确立为一种保障我国儿童权益的基本法律制度。《儿童权利公约》第3条1款指出："所有与孩子有关的行动，不管是公共机构还是私人机构、法院、行政机构或议会，都应该优先考虑到孩子的最大权益。"

儿童的全面健康发展对于社会长远发展利益至关重要，因此儿童最大利益原则优先关注到儿童发展权。为每个孩子的全面发展，最大利益原则规定了最公平的机会、最平等的环境和最优的条件，这项准则和各项权利将孩子的最大权益作为孩子与一切相关活动的优先考量。另外，在"最大"这个词中反映了利益的取舍关系，当儿童个人利益与成年人乃至整个社会的利益相冲突时，应该给予儿童权益优先的保障。可以说，儿童最大权益包含了《儿童权利公约》中各项儿童的各项权利，是对其他各项准则的一种高度总结和提炼，反映了《儿童权利公约》的核心和精神与价值观。因此，与儿童的各项权利条款均应当作为前提和依据。为此，应充分调动政治、经济、社会、文化等各方力量，为儿童成长创造良好的条件。

（二）非歧视原则

《儿童权利公约》第2条中清楚规定了非歧视原则即所有儿童享有《儿童权利公约》规定的各项权利，即性别、民族、种族、国籍、宗教信仰、居住时间、教育程度、经济状况等不同背景的儿童都应受到同等的待遇。这是"人人生而平等"在保护儿童权益方面的具体体现。有时，学者也把"非歧视原则"称为"平等保护原则"。"非歧视原则"有两个基本特征。第一，强调对所有儿童的权利提供同等的保障。《儿童权利公约》承认，人人享有同等发展机会是非歧视原则的基本准则。第二，正视儿童的差别，不能对任何一个儿童进行歧视。一些心理学家认为，人从一出生起，就具备了数理思维、逻辑思维、运动基础等多种能力。因此，我们要在保障每个孩子的发展权利的前提下，对天资聪颖的孩子或者困境儿童进行特别照顾，并不意味着违反了平等保护原则。

在现实生活中，困境儿童往往会遭受各种形式的歧视，给他们的身体和精神发展造成不良的影响。儿童权利委员会注意到，保证所有的儿童都能切实享受其权利，仅仅通过法律手段与歧视作斗争还远远不够，还应预防或根除歧视性的文化习俗、偏见和倾向，必须采取预先采取的、主动的、平等的措施。

（三）多重责任原则

儿童的权利的主体地位虽得到了世界各国的承认，然而由于儿童身体、心理等因素的不完善，儿童的合法权益在现实生活中仍然十分困难，需要国家、社会、家庭等多方保障。多重责任原则是指基于儿童的身体和心理特征及生存状况，从多个方面保证其权益的落实，以促进儿童的整体发展。《儿童权利公约》对各个主体保护和履行其义务责任内容做了详细的阐述。第一，国家保护责任。《公约》第4条规定明确了各国应当对保护儿童的权益负有完全的义务，并通过立法、司法、行政以及其他与《儿童权利公约》的精神和切合国情的其他具体举措来实现对儿童权利平等化。第二，社会保护责任。社会要使儿童享有的权利得到充分的保障，就必须为其创造一个良好的、有序的成长空间，为其发展提供有利的资源，包括教育、文化、信息等。第三，家庭保护责任。《儿童权利公约》第18条明确指出家庭对于儿童的发展负有首要责任，并要致力于儿童最大利益的实现。通常情况下，国家基于对家庭的尊重，不会干涉家长对子女的抚养过程，但这并不代表家长可以随意地践踏子女的权益，《儿童权利公约》规定，缔约国应充分监测家庭对儿童的保护。

（四）尊重儿童意见原则

《儿童权利公约》第 12 条规定，儿童有权依照其年龄和发育情况，令他人尊重其观点。儿童虽然没有做决定的权利，但他们都有参加决定的权利。当然，在儿童无法做出决定或提出意见时，其监护人应考虑儿童的最大利益为儿童做出决定。这一原理与困境儿童有着特殊的联系，比如儿童的父母选择是否去外地工作，父母应当听取其子女的意见。另外，各地政府在帮助困境儿童之前也需要争求他们的意愿。

（五）尊重儿童的权利与尊严原则

《儿童权利公约》第 6 条规定，不论何种背景的儿童都享有一切基本权利。各国应该通过立法、司法、教育等各种手段促进孩子的生理、心理健康发展。不仅如此，儿童具有独立、完整的个性，各国应对其个性的尊严予以充分的重视。任何与儿童的存在和发展有关的具体措施、条件等都应造福于儿童，而不应损害儿童的利益。

第二节 以发展为依归的儿童发展权

一 "发展"概述

《发展权利宣言》在序言中指出"确认发展权利是一项不可剥夺的人权，发展机会均等是国家和组成国家的个人一项特有权利。"其中，"发展机会均等"（The equality of opportunity for development）构成发展权的中心内容。在这一内核中，"资格"平等是出发点，"参与""促进""享有"强调了整个发展进程中的公平性，"充分实现"各项人权则是最终目的。

（一）从词义上看"发展"

"发展"（development），在西方最早来自古法语 developer、desvoloper，是"打开，展开，揭开；揭示，说明"的意思。现代用法是比喻性的，出现在 18 世纪的英语中。1750 年，是及物意义"更充分地展开，发挥潜力"；到 1793 年改变为"逐渐存在或运作"的不及物意义；到 1843 年，"从一个阶段发展到另一个阶段，最终达到一个完整的状态"。后来"发展"的词义因运用到摄影行业和房地产行业而改变。到 1960 年，"发展"作为形容词，指在经济、工业和社会条件方面正在进步的贫穷或原始国家或民族。

在国内最早也是最常使用"发展"的词义是来源于哲学领域的"发展"，是指事物由小到大，由简到繁，由低级到高级，由旧物质到新物质的运动变化过程。后来，"发展"在国内还衍生出了其他意义，指"变化趋势；扩大；发挥，施展"。"发展"一词在经济学、哲学等领域的不断探索，衍生出了"可持续发展""科学发展"等专门术语。在《教育学》中"人的发展"一般有两种释义："一种是将它看成是人类发展或进化的过程，另一种则将它看成是人类个体成长变化过程。"[1] 本文的研究对象是儿童，因此，接下来的"发展"是从儿童发展到成人这一狭义的"人的发展"出发。

（二）教育中定义的"发展"

1. 人的发展理念的形成

综观国内外，历代的教育、思想界都曾有过卓越的关于发展的构想。中国古代孔子将礼、乐、射、御、书、数设置为"六艺"，以促进人的全面发展。古希腊哲学家亚里士多德曾提出过人的身心统一和谐发展的思想。但是，这样的人的协调发展的训练，只有那些奴隶主才能得到，而大多数的奴隶却没有这样的机会。文艺复兴时期的哲学家们把理想的教育看作是要造就一个全能且精神与身体和谐发展的人。18 世纪，法国的启蒙思想者卢梭主张"自然主义"的教育，把教育与劳动结合起来，使学生在知识与自我意识的双重作用下得到发展。

2. 马克思人的全面发展学说

法国空想社会主义者圣西门曾提出过"全面发展的人"的理想。

---

[1] 王道俊、郭文安：《教育学》，人民教育出版社 2016 年版，第 27 页。

他认为，人的全面发展指的是多数人的发展，乃至所有人的共同发展。他认为建立良好的社会组织、教育和生产劳动是人类全面发展的必要条件。法国另一位空想社会主义者傅立叶提出"协作教育"，其目的在于实现人的体力和智力全面发展。目睹资本主义制度对劳动者身心造成严重摧残的英国社会主义者欧文创立了"新和谐村"。在这里，教育和生产结合起来了，欧文把教育和生产劳动结合起来的工厂制，使马克思看到了"未来教育的曙光"。① 马克思、恩格斯曾说过："人，不是抽象的纯生物的个体，而是一定社会的具体成员。人的体力、智力、知识、才能、兴趣、爱好和意识倾向、行为习惯等，都是由他们所处的生产关系和生产方式决定的。人们所生活于其中的各种社会关系，如民族的、阶级的、家庭的等，这些社会关系实际上决定一个人能够发展的程度。"② 他们在这里虽然没有使用"全面发展"的概念，但是可以看出，马克思、恩格斯认为，人的全面发展历程是人的各个方面不断地实现自由与解放。③

（三）法律中的"发展"

1970 年，联合国人权理事会的一位成员凯巴·穆巴耶就《作为一项人权的发展权》发表了一篇关于"发展权"概念的讲话。1979年，联合国第三十四届大会第 34/46 号决议将发展权视为一项人权，平等发展是每个国家和个人与生俱来的权利。1896 年联合国大会第 41/128 号决议通过的《发展权利宣言》第 1 条指出："发展权是一项不可剥夺的人权，由于这种权利，每个人和所有国家人民均有权参与、促进并享受经济、社会与文化和政治发展，在这种发展中，所有人权和基本自由都能获得充分实现。"全面地阐述了发展权的主体、内涵、地位、保护方式和实现途径等基本问题。

---

① 《马克思恩格斯全集》第 23 卷，人民出版社 1972 年版，第 530 页。

② 马克思、恩格斯：《德意志意识形态》，《马克思恩格斯全集》（第 3 卷），人民出版社 1957 年版，第 295、296 页。

③ 王道俊、郭文安：《教育学》，人民教育出版社 2016 年版，第 90 页。

《维也纳宣言和行动纲领》在1993年的世界人权会议上通过，内容再次强调发展权是一项不可剥夺的人权。《国际人权法教程》指出，发展权的首要目的是消除贫穷，采取解决全体人民基本需求的方式，从而切实保持未来几代的发展。

二 促进成长：儿童发展的具体表现

儿童的发展包括个体性发展和社会性发展，要实现这两类发展，则应保护儿童的政治发展权、经济发展权、文化发展权、社会发展权等。

（一）政治发展权

政治发展权是儿童在法定范围内的政治发展权利，它包含了儿童参与国家治理过程、参与社会政治生活的深度与广度等方面。《儿童权利公约》第13条1款约定"儿童则可以通过口头、画画和写作等多种媒介来分享他们的想法"，说明儿童有权用各渠道对政治生活提出意见。儿童通过参与政治生活能启蒙他们的政治意识。[①] 在我国，主要通过少代会、红领巾议事制度发展儿童的政治责任感，提高他们的民主观念。第14条指出，儿童有权对拥有什么思想观念和宗教信仰做出选择，但这样做不应该妨碍其他人享有这项权利。宗教信仰自由有助于文化交流和各民族的团结，进而促进儿童在文化包容开发、团结统一背景下健康地成长，凝聚各民族儿童的精神意识。第15条规定，儿童有加入或者成立有益团体或组织的权利，以及交友的权利。儿童可以在组织中发展自身的国家政治认同感，从而促进自己的政治社会化过程。

（二）经济发展权

经济发展权是指，"每个公民在其自身的工作中，积极参与国家、民族乃至全球的经济发展，从而获得其所获得的物质福利，是劳动者

---

① 许桂林：《政治社会化视角下的儿童政治启蒙教育》，《少年儿童研究》2021年第10期。

和劳动者的劳动权益的有机结合"①。对于困境儿童而言，经济发展权主要表现在劳动保护权以及经济保障权。儿童的经济发展权是指儿童个体"通过自己的劳动所享有的，积极参与本国、本民族及世界范围的经济发展活动并获取经济发展所带来的物质利益的权利"②，这里主要指的是儿童的劳动权。劳动能让人发挥最大限度的才华、能力和潜在素质，满足自我实现的价值需要，从而触摸到实实在在的幸福。《社会进步和发展宣言》第 6 条指出"社会发展要求保证人人有工作的权利和就业的自由"，《经济、社会和文化权利国际公约》中也指出"人人应有机会凭其自由选择和接受的工作来谋生的权利，并将采取适当步骤来保障这一权利"。对于儿童来说，劳动不仅可以提高儿童的生活自理能力，还能够让儿童感受到生活的艰辛，使其更加珍惜劳动成果。同时，劳动能够促进儿童发挥个人潜力、增强与人交往的能力、培养社会意识和社会责任感。

有关儿童劳动发展权的条款载于《儿童权利公约》第 30 条，该条要求缔约国为保障其劳工权益而采取的行动，包括应立法规定儿童最低工作年龄、每日工作时间、违反规定后应采取何种惩罚措施等，防止其受到金钱的剥削或从事有危害其身心的工作。一系列举措保护了儿童劳动发展权，首先保证了儿童的生命健康，其次保障了儿童能有时间接受教育，最后能提升其素养，发展其能力，为国家发展事业做贡献。《儿童权利公约》第 27 条还规定，儿童有获得健康食物、衣服和安全住房等经济保障权利，而且各国政府应当帮助那些贫困的家庭和儿童。保障困境儿童最低生活水平可以减轻由经济压力给他们带来的衣、食、住、行、学习、娱乐等问题，潜移默化地培养他们健康积极心理，提升内心的自信。

值得注意的是，参与劳动是为了促进儿童的全面发展，使儿童感

---

① 汪习根：《法治社会的基本人权——发展权法律制度研究》，中国人民公安大学出版社 2022 年版，第 301 页。

② 宋丁博男：《论我国儿童发展权的法律保障》，博士学位论文，武汉大学，2018 年。

受靠自己的双手获得劳动成果的喜悦，提高儿童劳动的积极性，并不是让儿童去做苦力，也不是让他们在最应该接受教育的年纪去承担家庭的经济负担。因此，儿童参与劳动并不是一种谋生的手段，而是在自愿的前提下从事在自身能力范围之内的劳动。从这个意义上来说，劳动是他们逐渐摆脱家庭依赖，加速社会化发展进程，并逐步走向自信自立的重要途径。因此，家庭、学校和社会应当提倡儿童劳动并保障每一位儿童劳动的权利。

（三）文化发展权

文化发展权是指儿童享有平等的文化艺术等方面的发展机遇，培养其尊严与价值观。文化发展权作为发展权的一项子权利，其核心是"儿童文化发展上的机会条件平等与社会文化成果共享。"① 对于困境儿童而言，这一权利能让他们拥有丰富知识，并通过这些知识来武装自己，实现自己的价值，增加摆脱困境的可能性。儿童的文化发展权是指儿童个体"享有参与并不断丰富文化、体育、娱乐生活的权利"。② 文化是人类共同的宝贵财富，儿童参与了文化的创造、传承与传播，理应享受文化发展结出的果实，即儿童享有平等的文化发展权。《儿童权利公约》中规定了儿童文化发展权的主要内容，其中主要包括以下几个方面：

一是儿童的受教育权。每个儿童都应享有同等接受教育的权利，《世界人权宣言》明确将教育平等作为基本人权，之后联合国又陆续通过了《取缔教育歧视公约》《经济、社会和文化权利国际公约》《反教育歧视建议》，明确了人人享有受教育的权利。儿童受教育不只是知识的积累和技能的提升，还包括儿童道德感、责任感、社会情感能力的增强。

二是儿童的游戏娱乐权。游戏权是儿童发展的基本权利，儿童有

---

① 汪习根、王信川：《论文化发展权》，《太平洋学报》2007 年第 12 期。
② 汪习根：《法制社会的基本人权——发展权法律制度研究》，中国人民公安大学出版社 2001 年版，第 92 页。

参与游戏和娱乐活动的权利。《儿童权利公约》第31条写到"缔约国承认儿童休息和休闲的权利，参加游戏与儿童年龄适应的娱乐活动的权利，自由地参加文化生活和艺术的权利""缔约国应尊重和提升儿童充分参与文化和艺术生活的权利，应鼓励向儿童提供文化、艺术、娱乐和休闲活动方面适宜且平等机会"。游戏在人生各个阶段都扮演了十分重要的角色，童年期更是如此。游戏于儿童来说，是探索世界的重要途径，游戏不仅能够拓宽儿童的知识领域，而且有助于儿童的身心健康发展和自我能力的实现。

三是儿童的信息获取权。健康的信息资料对于儿童发展权的保护起着至关重要的作用，儿童享有通过网络媒体获得有利于自身健康发展的信息和资料的权利。随着互联网时代的不断发展，信息在人们的生活中所占的比例不断增大，以无孔不入的态势呈现在人们面前，极大地改变了人们以往的生存方式与生活习惯，其中对儿童的影响极为明显。儿童发展权实现的过程中离不开信息，儿童生长发展所需要的基本知识和技能以及各种能力的提高都必须通过信息的获取来实现。因此社会要加大监控力度，社会要发挥引导作用，家长要做好榜样示范，为儿童打造良好的信息环境，保障儿童信息权的实现。

《儿童权利公约》第28条规定，各缔约国应当为儿童提供有利的教育环境，确保全面实施义务教育，鼓励发展中等学校，包括普通和职业教育，并尽可能使本国的孩子能够获得更多的高等教育，并尽其所能地采取各种适当的步骤，以降低其退学率。在政府普及教育的帮助下，儿童能够充分发展个性、才智和能力，并让他们能够了解自己的权利，尊重他人的权利、别人与自己的差异以及他国的文化。另外，各缔约国应当利用、共享本国的文化教育，促进国际间开展有关儿童发展的文化交流与合作，并特别协助发展中国家。在文化成果共享和交流过程中，有助于儿童学会与人和谐相处，尊重他国文化，并且帮助他们学会热爱和融入本国文化。

（四）社会发展权

社会发展权是指儿童在健康、卫生、劳动保障、保护环境、美化环境、宗教信仰等领域中享有的各项权益。对困境儿童来说，社会发展权是一种可以保障其基本生活需要的权益，具体内容有医疗保险、社会保险、低保等。①《儿童权利公约》第 26 条、第 23 条、第 25 条要求，各国政府应当为来自贫困家庭的儿童提供经济以及其他方面的帮助，每一名身有残障的儿童都应当享有丰富多彩的社会生活，还应该经常对安排到家以外地方去住的儿童生活情况进行检查，以确定他们生活得好不好。以上 3 条都对不同背景的儿童的生活需求提出了最低保障要求，如此细致到位是为了每一位儿童都能够在无压力无歧视的环境中有一个快乐、多姿多彩的童年，健康全面地成长。

2015 年联合国颁布的《变革我们的世界：2030 年可持续发展议程》中提出了 17 项可持续发展的目标，可见可持续发展权的内容涵盖面极广。人的可持续发展是可持续理论的最终追求目标，儿童正处于发展的关键阶段，其在身体、心理、人格、性格等方面具有较强的可塑性，而且很大程度上决定了儿童未来发展的方向和高度。每个儿童都具有特殊性，要促进儿童的可持续发展，就必须观照每个儿童的独特性，促进儿童的个性发展。个性发展是儿童可持续发展权的一个重要层面，也是儿童的内在特质，同时是《儿童权利公约》中对儿童发展权所做的内容规定。在深入了解儿童个性的基础上对儿童施加有针对性的教育，是家长和学校的一项重要职责，老师和家长应该尽力挖掘学生的闪光点和独特之处，帮助儿童找到适合自己成长的道路，以学生的需要出发，为儿童的发展创造有利的条件。正确看待儿童的特殊性，不把儿童的特点当缺点，为每一位儿童的可持续发展提供保障。

第三节　以自由为表征的儿童发展权

英国法学家柏林（Isaiah Berlin）将自由分为消极自由和积极自

---

① 韩德培、李龙：《人权的理论与实践》，武汉大学出版社 1995 年版，第 85 页。

由。在他看来自由首先是一种消极自由，即"自由的根本意义是挣脱枷锁、囚禁与他人奴役的自由。"① 消极自由的本质在免于外来的干涉和约束，这只是自由行动的可能性而不是自由行动本身。个人享有某种消极自由（权利能力）并不意味着个人实际上能够实现这种自由（行为能力）。柏林将这种差异区分为"自由与行使自由的条件"。自由真实享有依赖于外部条件，经济增长、社会融合、文化繁荣和政治发展使个人行使自由的条件得以满足。因此，平等发展权对消极自由具有工具性价值，是现实消极自由的条件。② 柏林将积极自由的要旨定位于自主，即"自由这个词的积极含义源于个体成为他自己的主人的愿望"③。平等发展权与积极自由在目的上是一致的，都是致力于扩大每个人在生活方式上的自主性和多样性。

一　"自由"概述

"自由"（Liberta）一词在古拉丁语里原意是指自主、自立、摆脱强制，指的是脱离个人的依赖和个人的独立性。"自由是独立于别人的强制意志，而且根据普遍的法则，它能够和所有人的自由并存，它是每个人由于他的人性而具有的独一无二的、原生的、与生俱来的权利。"④ 就是因为有了自由，一个人才能脱离别人的意愿，成为自己的主人。所以，"人生而自由"是一种合理的设定。卢梭在《爱弥儿》的开头就提到"教育的最高目的在于培养自由人"。儿童通过其自由而获得了独立与尊严人格，这是人类固有的本性，不能视为家长的财产。儿童的一生都有自己的自由权，孩子们有权得到家长的照顾和教育，也有权不被他们的家长任意干预，家长不应该对自己的孩子颐指气使。

---

① ［英］以赛亚·柏林：《自由论》，胡传胜译，译林出版社 2003 年版，第 54 页。
② 汪习根：《平等发展权法律保障制度研究》，人民出版社 2018 年版，第 22 页。
③ ［英］以赛亚·柏林：《自由论》，胡传胜译，译林出版社 2003 年版，第 500 页。
④ ［德］康德：《法的形而上学原理——权利的科学》，沈叔平译，商务印书馆 2005 年版，第 50 页。

（一）中西方自由观念的形成

在西方，自由权利的发展是一个从观念到思想、从思想到理论、从理论到体制的长期过程。古代的西方自由权概念是自发的、模糊不清的。在公元前 5 世纪古希腊智者们就提出了自然法，并明确地阐述了"自由、公平"的概念。但在奴隶制的时代，自由的权利只属于自由公民。在古罗马时代，思想学者仍以自然的理性主义为"自由"主张，将其引入到法学的视域中，但其本质上只是人类本性理论中的一小块。到了中世纪，观念对立与冲突、权力斗争与妥协、制度建构与变革使自由精神得以沉淀。从 12 世纪开始，持续 500 余年的罗马法复兴运动使个人自由、私人平等原则渗入西欧封建法律，由此，自由的基因不断渗入法律制度的机体。近代西方是一个思想交汇的时代，它以追求自由和反对自由的斗争为主线。在此期间，自由权完成了从观念要求到自然权利再到法律权利的转变，由思想家的言说向实践转变，并确认了自由权的第一代人权地位。两次世界大战使人权价值在国际上得到普遍认可，尊重和保护人的自由和基本权利。自由观念也从国家和宪法层面延伸到国际和国际人权法层面。国际社会就人权问题制定了一套文件，为保障人权作出了许多努力，促进自由价值、自由主体和自由权利的标准性。①

在我国，"自在"是一种精神上的"自在"，是一种心灵上的"自在"。比如孔子关于"由己"的儒学的"自由观"，就是人的自主，是一种精神上的自由。此外，孟子"性善论"与荀子"性恶论"的自由观都是一致的，它们都强调人的自我意识，既有人性的必然，也有人的客观的可能。道家庄子则主张，人的自由应该是从自然和肉体的约束中解脱出来，不受物质的约束，不受形式的劳作，不受"生死"和"物我"的约束而获得完全的精神上的解放。②

---

① 于文豪：《西方自由权之思想演进》，《理论学刊》2008 年第 6 期。
② 范秋雨：《试论中国自由思想的演变》，《重庆科技学院学报》（社会科学版）2013 年第 12 期。

（二）法律意义上的"自由"

人身自由权是一项最基本的人权，国内外的学术界对此都有过相应的解读，但也存在着各种分歧。在美国，人身自由被认为是指"按自己意愿行动、改变位置和不论想去哪就能去的权利或权力，非经正当程序不受限制和禁止"①。英国学者一般认为"人身自由的含义是来去自由，参与或放弃自由，以及一般来说只要不违反成文法规则可做一个人想做之事的自由。这项自由构成《大宪章》、人身保护法和许多刑事、刑事诉讼法规则的基础"②。

在国内大多数法律文献中，对个人的自由作出了界定，广义的人身自由"专指个人身体保护、人身自主的自由。它包括人身保护、住宅不受侵犯、迁徙自由、人格尊严不受侵犯等。"③狭义的人身自由是指"公民有人身自主权，有举止行动的自由权，不受他人的支配或控制，公民的身体不受非法侵犯"④，或者是"公民有支配其身体和行动的自由，非依法律规定，不受逮捕、拘禁、审讯和处罚"⑤。从不同国家的不同角度对人身自由权利进行了论述，可以发现，学术界对人身自由权利的解读众说纷纭，但总的说来，人们对于人身自由的本质和含义的认识却是相同的，那就是：个人拥有对自己的身体和行为进行控制，而不会受到不法的约束与侵害。

二 参与权：儿童发展权"自由"的具体表现

自由是儿童快乐的源泉，自由和尊严应当成为儿童生存的基本要素。⑥《儿童权利公约》中充分肯定了儿童的表达、思想、信仰自

---

① 参见周伟《宪法纂本权利原理·规范·应用》，法律出版社 2006 年版，第 98 页。
② ［英］戴维·M.沃克：《牛津法律大辞典》，光明日报出版社 1988 年版，第 352 页。
③ 何华辉：《比较宪法学》，武汉大学出版社 1988 年版，第 230 页。
④ 李步云主编：《宪法比较研究》，法律出版社 1988 年版，第 476 页。
⑤ 曾庆敏：《法学大辞典》，上海辞书出版社 1998 年版，第 19 页。
⑥ 王雪梅：《儿童权利论：一个初步的比较研究》，社会科学文献出版社 2018 年版，第 160 页。

由以及结社和机会自由，在国际社会上营造了一种尊重儿童自由的氛围。启蒙运动的哲学家们对于儿童自由权利的思考相较于古典时期，有开创性的意义，他们把政治学和教育学中儿童自由权利的概念结合在一起。虽然他们对儿童自由权利的认识存在一些共性，例如强调理性作为儿童自由权利的条件等，但对儿童自由权利的具体理解各有侧重。卢梭指出："在万物的秩序中，人类有它的地位；在人生的秩序中，童年有它的地位；应当把成人看作成人，把孩子看作孩子。"儿童生命、儿童权利、儿童自由、儿童教育，都受到人们的重新审视。洛克认为，孩子们虽然受父权的约束，但他们仍然是自由的。儿童自由并非直接表现在儿童自身，而是通过父母的自由而自由。"一个儿童是依靠他父亲的权利、依靠他父亲的理智而自由的，他父亲的理智将一直支配着他，直到他自由，有自己的理智时为止。"另外，康德还强调"从孩子们具有人格这一事实，便可提出：无论如何不能把子女看作是父母的财产。"他认为，儿童的自由权利无关乎人的身份和地位，即便父母是罪犯，其子女仍旧享有这种天赋的自由权利。① 儿童参与权是联合国《儿童权利公约》赋予儿童的四大权利之一，儿童有权利对任何与自身利益相关的事情发表意见。儿童有自己的感情和对待事物的独特见解，成人应该充分尊重儿童参与的意愿和决心。确保儿童的参与权不仅是对其独立人格的尊重，也是提升儿童参与意识和参与能力的关键。

（一）参与活动自由权

参与活动自由权是指在特定的情况下，儿童对发展自己的活动享有选择的自由权并对自身行为拥有自由支配的权利。它包括两个尺度：一是相对于一定的活动状态、生活条件等外界环境儿童有选择自由的权利；二是儿童有相对于客观现实能够自由合理地与其自身状况匹配的权利。儿童的思想自由体现在很多人权文件中，《儿童权利公

---

① 王本余：《儿童权利的观念：洛克、卢梭与康德》，《南京社会科学》2010 年第 8 期。

约》规定"缔约国应尊重儿童享有思想自由的权利"。然而，在尊重儿童自由的基础上，公约同时强调了家长在儿童行使权利时的监护指导责任，公约要求家长要因材施教，根据儿童不同阶段的接受能力为儿童提供指导。《儿童权利公约》中第15条规定，儿童享有结社及和平集会自由的权利，任何人不得予以限制。结社及和平集会自由对儿童来说非常重要，通过结社和集会，儿童的民主意识和参与能力都能得到很好的提升，儿童的交往能力和沟通能力也能够得到增强。因此，家长和老师不应给予儿童过多的限制，以保护儿童安全或节省学习时间为由，剥夺儿童参与集体活动的权利，限制儿童的自由发展。

《儿童权利公约》第2条指出，无论未成年人的身份、家庭背景、语言、信仰何种宗教、容貌、性别，他们都享有参与活动自由权利，都不能在参与活动过程中受到不公正的待遇。也就是说，权利的主体是自由的，所有的孩子都可以自由地、同等地享受活动，开阔自己在科学、文化、思想等领域的眼界和积累通过各类活动实践后的经验。《儿童权利公约》第31条特别指出："儿童有权休息、娱乐及参与文化艺术活动。"也就是儿童参加的活动也要有一定的自由度，各类活动应尽量丰富满足儿童需求。儿童通过参与不同领域的活动能够改变他们的交往方式，提高他们的实践水平、认识水平、思维水平。

（二）表达自由权

参与权的概念是广义的，儿童的参与权应该体现在家庭、学校、社会等多个层次上。保证儿童参与权的实现，首先，要充分尊重儿童表达的权利，儿童在成人的强制性进行的参与和象征意义上的参与都不能算真正意义上的参与。其次，儿童参与的形式应该多样，包括思想上、行为上和决策上，家长应将儿童当作是家庭成员的一分子，尊重儿童参与家庭决策的权利。最后，需要指出的是，尽管每个儿童都有就牵涉自身利益的事情发表意见的权利，但是鉴于儿童的年龄跨度比较大，部分低龄儿童尚不能理解参与权的本质和意义，因此需要家庭、学校和社会对其进行引导。儿童的参与权指儿童享有在家庭、学校、社会等场域就相关事务与他人互动的权利，① 儿童参与权即是儿童的基本权利，也是儿童的基本需要。儿童享有法律赋予的通过口头、书面及电影、戏剧、音乐、广播、电视等方式表达自己观点的自由权利。这不仅包括言论自由或出版自由，还包括以艺术文化或其他方式的自由，特别包括寻找和接收各类资讯、观念及传播的自由权利。另外，其他形式还能以图像、数字等形式呈现，比如公共媒体渠道、画报甚至是涂鸦。

《儿童权利公约》第13条规定，儿童有权通过讲话、画画、写作或者其他方式自由地与其他人分享自己获取的信息、自己的想法和感受，除非这样会伤害到他人。表达自由权利的一个重要方面是，儿童均有行使自由表达观点的权利；另一个重要方面是儿童有权根据自己的观点自由选择展示意见的途径。正如哈德曼所言："应当用儿童自己的道义观看待儿童，不只是把他们当作成人说教的容器。"儿童经过不断的思考和交流表达，产生了观点碰撞，更有利于儿童在实践与思辨中检验真理、获取知识。而且，表达自由还为儿童健全人性提供了可能，并有利于儿童最大限度开发其潜能。《儿童权利公约》对儿童的参与权表示出高度的关切，对儿童参与权的保障进行了一系列规定，依据这些规定，儿童的参与权应该包括以下三个方面的内容。第一，儿童有权对关涉自身利益的一切事务发表意见。这里所说的一切事务是从儿童参与的范围上来说的，包括各个层次的决策，如私人领域或公共领域的决策，或者是与儿童个人或群体有关的决策。② 以私人领域中的家庭参与为例，家长要将儿童看作是家庭成员的一分子，给予儿童参与家庭事务的权利，无论是大事小事，在做出决定之前都要充分考虑子女的意见。第二，儿童有权通过多种途径行使参与权。

---

① 王雪梅：《儿童权利论：一个初步的比较研究》，社会科学文献出版社2018年版，第171页。

② 马晓琴、曾凡林、陈建军：《儿童参与权和童年社会学》，《当代青年研究》2006年第11期。

这里的途径可以是行为上的，也可以是言论上和思想上的，例如儿童参与社会实践活动的权利，或是就班级管理发表自己意见的权利。第三，儿童有自由发表意见的权利。儿童自由发表意见的途径可以是多样的，除了传统的语言表达外，还可以通过发表文章、网络留言、录音录像等途径发表自己的意见和看法。在儿童发表意见时，成人要尊重儿童的权利和人格，让儿童成为表达自己意见的主角，任何听从成人意志参与、被动型或象征型的参与都是对儿童参与权意旨的违背。[①]

---

① 宋丁博男：《论我国儿童发展权的法律保障》，博士学位论文，武汉大学，2018年。

第三章　困境儿童平等发展权的
　　　　法律保障

第一节　困境儿童平等发展权的系统建构

一　困境儿童平等发展权的提出背景

儿童发展权的含义是，儿童拥有充分发展其全部体能和智能的权利。《儿童权利公约》中提到，儿童发展权的主要内容是，受教育的权利、参与社会生活的权利、自由选择宗教的权利、个性自由发展的权利等。儿童发展权主要包括两方面，其一，发展权是最基本的人权不可以被任意剥夺，是人类生长的内在要求。其二，在政府的各种政策和社会的福利满足下，儿童的发展权才可能会变成现实。①

最初赋予困境儿童平等发展权法律保护的是 1989 年联合国大会通过的《儿童权利公约》。其中提到每个儿童都被赋予平等发展的权利，并且国家、社会和家庭应该给予一定的支持和帮助。在国内，《未成年人保护法》也保护了儿童的平等发展权，在法条中提到未成年人具有生存权、发展权、受保护权、参与权。另外，1986 年联合国大会通过的《发展权利宣言》中也直接说明发展权是每个人最基本的人权不可以被任意剥夺。由于有了发展权，各个国家中的每个公民都可以参与到政治活动中，从而促进社会的政治、经济和文化的发展并

---

① 倪文艳：《流动儿童平等发展权的法律保护原则探究》，《理论观察》2016 年第 11 期。

享受其发展利益，在发展的过程中每个人的权利都得以保障。发展权之所以会产生，是因为处于不利位置的第三国家发展被不公平且不合理的国际政治经济秩序所限制。为了使新一代获得公平公正的发展机会，从而公平地分享发展的成果，所以发展权应运而生。最开始正义要求的平等是由毕达哥拉斯学派提出来的，然后是法律面前人人平等的宣言，这是由近代资产阶级革命派所传达出的诉求，二战时期新型发展权应运而生。以上都表现出人们对自由和正义永不停止的追逐以及内心的渴望。每个儿童都应该拥有平等发展的权利，即使与普通儿童相比困境儿童处于不公平的境地，但这并不能妨碍困境儿童可以拥有自由发展的权利。困境儿童由于人生起跑点的不利地位以及家庭经济问题，在受教育的机会上不平等，进而参与社会竞争的机会也存在不公平的现象，从而较难实现阶层跨越。

二　困境儿童平等发展权实施的法律保护原则

众多法律规则的基础都基于法律原则。法律原则具有一定的概括性和指导性，既可以表达困境儿童在法律法规方面的总体诉求，又能够为法律制定提供方向指导。儿童权利的诸多原则中最基本的是利益最大化原则、平等原则和多重保护原则。困境儿童的身心发展具有自身的规律特点，不能将他们直接等同于普通儿童。困境儿童平等发展权由三部分组成：国家责任原则、关注儿童最大利益化原则以及平等发展的原则。

（一）国家责任原则

儿童的平等发展权是最基本的权利，所以儿童的平等发展权应该受到国家的法律保护。政府存在的意义应该是保障人民的自由和权利。困境儿童属于社会的弱势群体，其利益诉求因为自身身心发展成熟程度的制约和各种社会因素被限制。关于困境儿童的保护，国家应该给予积极的态度并且应该重点关注。国际法以及国内法均有提到，国家必须要保证困境儿童的平等发展权。

《发展权利宣言》第 3 条指出各国对创造有利于实现发展权利的国家和国际条件负有主要责任。《儿童权利公约》第 4 条规定缔约国应采取一切适当的立法、行政和其他措施，以实现本公约所确认的权利。另外在其他公约中也相继提到国家必须切实保障儿童的平等发展权。《经济、社会及文化权利国际公约》中，规定国际社会对于困境儿童应该给予保护。对于保护未成年人，使其不受社会的压迫和经济的制裁。在国内《未成年人保护法》中也提及儿童和青少年享有各种发展的权利，并且国家要予以保护。

人的身心发展特点有顺序性、阶段性、差异性、不平衡性和整体性。所以在保护困境儿童平等发展权中应当保持救济第一原则，了解他们具体的社会需求并根据困境儿童的诉求建立救助制度。为困境儿童提供相应的社会服务体系，完善困境儿童的服务机制，以此保证困境儿童可以平等拥有因为社会飞速发展而带来的一切便利条件和资金支持。除此之外，在制度建设上也要不断完善，如：困境儿童保障制度、困境儿童救助服务制度和相关政策扶持制度。通过政府正确的方向引导，加上社区内的资源整合并且与非政府组织相结合，困境儿童平等发展权正在逐步实现。

（二）平等原则

从人权的角度来进行分析，可以优先帮助社会弱势群体和社会边缘群体，特别是那些因为各种原因的歧视导致的贫困。马克思关于人的全面发展学说中指出，全面发展即人的劳动能力、智力与体力全面发展，先天与后天的各种才能志趣的全面发展。人的全面发展就是人的个性的自由发展。困境儿童的平等发展权不应该被任何条件限制，否则一些儿童就不能够拥有平等发展权。

发展权是发展过程和发展结果协调一致。困境儿童的平等发展权强调的就是过程和结果的平等。发展权并不是发展终点，而是发展进程。困境儿童在自身发展过程中面临并被迫接受机会不平等。户籍制度本质上就是对人进行了一定程度的等级区分，困境儿童保持了父母的户籍身份。虽然人的家庭条件和户籍身份并不能决定个体主动性的发挥，但它仍是人无法平等享有权利的原因之一。在现代法治社会中，人的主体权利可以通过法律来保障，使每个人都享有平等的社会发展机会。立法可以消除一些先天性因素，从而使每个人都享有平等的权利。公平分配教育资源，缩小城乡差距。特别是对于那些贫困农村地区要保障每个儿童都有接受九年义务教育的机会。困境儿童的平等发展权是由政治、经济、文化等方面组成的全面发展。其各项权利都应该在社会全面发展过程中实现并且进行社会资源的整合。在资源整合的过程中要指出，不仅是物质方面的，困境儿童应该享有社会支持和文化资源。在经济方面，困境儿童应该享有参与经济活动的权利。在社会发展方面，困境儿童也应该公平地享有社会资源，除此之外在再分配资源中应向困境儿童倾斜，使其生活有保障。在文化上，鼓励多元文化的发展。

（三）保障儿童的最大利益原则

保障儿童的最大利益最先是在《儿童权利公约》中被提及并且将其确定为保护儿童的指导原则。联合国发表的《消除对妇女一切形式歧视的公约》中对于保障儿童的最大利益也做出了相应的规定。科技高速发展的社会背景下，政府应不断加强儿童权益的有效保护。1992年《九十年代中国儿童发展规划纲要》要求各级政府和有关部门坚持"儿童优先原则"。《中国儿童发展纲要（2001—2010年）》提出"坚持儿童优先原则"，保障儿童生存、发展、受保护和参与的权利，提高儿童整体素质，促进儿童身心健康发展。在立法上，《宪法》关于人权和儿童权利保护都做出了相应的规定。在法律法规的制定中，要体现保障儿童的最大利益原则。在司法上，同样也要照顾儿童和青少年的身心发展规律和特点，并制定了将其区别于成年人的法律条例。虽然确立了儿童优先原则，但是仍然会受到政治经济发展水平的影响，困境儿童平等发展权仍然难以实现，其中受教育的权利尚未落实到每一位儿童。

以流动儿童为例，在 20 世纪 90 年代有一大批进入城市务工的人，他们有一个称呼叫"农民工"，农民工是指，进入城市务工进行一些简单机械的体力劳动来赚取费用的务工人员。农民工的子女或者孙辈怎样才能改变这种困境，从而真正融入这个城市。其中的关键因素是能否接受好的教育。然而实践调查中，流动儿童因为家庭经济问题往往无法像普通儿童一样获得优质的教育资源来促进自身的发展。我国社会是一个利益共同体，流动儿童发展权要想得以实现应该协调整合各种资源，使普通儿童和困境儿童能够共同发展，不断缩小二者之间的差距，进而平衡社会结构，整体向积极良好的方向发展。需要整合社会中的各种资源，缩小流动儿童与普通儿童之间的差距，使社会结构能够平衡发展。要想每个儿童都拥有平等发展权，就得为困境儿童提供更多的机会来实现自身的发展并支配更多适用的资源。发展权是一个人最基本的权利不能被任何人任意剥夺，其中儿童优先发展原则应该是儿童发展的指导原则。

输入地政府不得以任何理由拒绝为流动儿童提供接受教育的机会，同时也不可忽视儿童身心各方面的健康发展。在《中国儿童发展纲要（2011—2020 年）》中提出要落实教育优先发展战略，切实保证经济社会发展规划优先安排教育发展，财政资金优先保障教育的投入，公共资源优先满足教育和人力资源开发需要。儿童优先的原则要始终贯穿于相关法律法规制定中，并且在实施的过程中也要落实此原则。建立相应的保护机制来保障儿童的最大利益。儿童优先原则是把儿童的地位放在首位，这样就可以将儿童与成年人区别开来并将其看作独立的个体，给予儿童相应的保护。

三　完善困境儿童平等发展权的法律体系

（一）完善我国对困境儿童平等发展权法律保护的立法进程

困境儿童平等发展权的保护，在不同领域的法律体系中都有被提及。因为它不是单一方面的内容而是体现在社会生活各处。因此不同的法律领域要使用不同的法律法规来进行处理。所以要想仅用一部法律法规来解决儿童所有的问题和保护儿童的权益是不现实的，同时也是不科学的。目前我国关于困境儿童平等发展权的法律体系还不完善。

在制定其他关于困境儿童平等发展权的法律法规时，其主要原则要与《儿童权利公约》中的原则保持一致。我国的大部分法律是以成年人为主体，从而轻视权利而重视义务。所以在制定法律的过程中，应充分重视儿童的主体地位，保护儿童的权益不受侵害。除贯穿儿童权益的保护还要为困境儿童设立相应的单项法条，以此来完善困境儿童相关法律体系使困境儿童的各种权益不受侵害。同时，随着社会的发展和进步，对于儿童保护会产生变化，法律法规要不断地适应新发展、新需求，以更好地保护儿童权利。《未成年人保护法》的两大主要特点是具有较强的原则性和综合性，对于部分儿童权益并没有保护到，即使该法条的内容在不断完善也依然无法改变此现状。因此要大力加强单项立法同时政府要结合社会发展过程中的新问题，制定相应的法律法规保护儿童的权利。就比如说，面对目前我国人口流动巨大的现象带来了大批的留守儿童，政府应该反思留守儿童的现状并在政策和法律制定上给予保护；还有一大批的流浪儿童权益正在遭受侵害，并且流浪儿童数量也在逐年增加，所以对于流浪儿童的权益保护也要单项立法；目前我国城乡仍存在教育资源的分配不均，贫困地区的农村儿童教育资源明显落后。所以对于农村儿童的平等发展权政府也要通过法律来进行保障，不断缩小城乡差距实现公平而有质量的教育。

（二）完善家庭法律制度

家庭对儿童的成长而言至关重要，它是避风港般的存在。家庭不仅要保障儿童的物质生活，还要引导和教育儿童长大成人，并且保护其合法权益不受侵害。家庭法律制度是保护儿童发展权的开端。首先是家庭监护制度的规范。在相关法律中明确父母监护的范围并且建立家庭责任制度，对于不履行法律法规的父母，要落实对家长的教育和引导且对于一些不但不保护而且还侵害儿童权益的父母，必要时可取消父母的监护人资格并且还需要联合司法部门进行干预。具体情况包括：家长对儿童缺乏管教致使儿童触犯法律，对儿童缺乏教育和养护导致儿童合法权益得不到保障，家长自身的不良生活习惯，出现家长虐待儿童的情况等。国家不断增强父母的教育养护意识，增强其责任感。保障儿童的合法权益，使儿童身心健康成长。

其次，国家建立有关儿童的监护制度。国家监护制度是为了保护那些暂时或永久不在监护人身边的儿童，国家建立保护相关儿童的监护机构。这项制度表现了国家对于困境儿童的保护和对监护人的监督。在我国法律法规中有指出，被监护人的权益得不到保护时或者监护人没有履行保护被监护人职责时，监护人的监护资格将被取消。儿童没有监护人时可以由家长的工作单位或所住地居委会暂时教育和养护。以上机构由于自身职能有限，由他们进行监护的话可能无法保护儿童权益。因此，没有父母监护人的儿童，他们往往会处于生活困难的境地。比如没有固定的居住地，食品不能得到保障。所以，建立国家监护制度就是为了进一步保护儿童，使其不用遭受家庭的伤害。对于那些父母监护资格被取消的儿童，将代由国家来进行教育和养护。这样儿童发展权既得到了保护，同时也符合时代要求保护弱势群体和法治社会的立法原则。

再次，建立家庭监护监督制度和问题家庭备案制度。帮助家长养成良好的监护行为习惯并及时对错误的监护行为进行纠正。《儿童权利公约》第19条要求缔约国应采取一切措施保护儿童在受其监护人的照料时，不致受到任何形式的伤害，采取相应程序用来建立社会方案应包括在这类保护性措施中。因此，公约中保护儿童合法权益不受侵害、监督家长的监护行为和家庭问题备案制度的建立其核心精神是高度一致的。

最后，政府要不断加大对家庭监护行为的干预并且对家庭监护行为进行正确的引导。对于家庭事务，政府一般不参与其中。但当儿童的合法权益在家庭中受到侵害时，除了国家政府机构要对家长进行处罚之外，如果出现更严重的情况，还会剥夺家长的监护权，儿童将代由国家进行养育。在我国，目前仍有很多人认为儿童教养问题除了家庭成员之外其他人无权干涉，监护人对其子女可以自由选择任何教育方式和教育内容来进行养育和教育。只有发生极为恶劣的监护侵害事件时，家庭监护问题才会通过媒体进入大众视野，随之社会对此情况才给予高度关注。在恶性事件发生时，人们往往会有不好的情绪，比如：愤怒、悲伤和心痛等。同时还会要求政府对此类情况给予高度重视且严肃彻查到底。但是同类家庭养护问题还会再次重现，所以这种方式并没有解决其问题核心。因此，为了使儿童的合法权益不再遭受侵害，政府必须要出台法律政策对家庭养护问题进行一定的法律约束。通过这种方式不断加强政府对未成年人监护人的监督，通过法律的方式来保障在家庭中儿童的合法权益。

（三）建立社区对儿童发展状况的监护制度

社区是若干社会群体或社会组织聚集在某一个领域里所形成的一个生活上相互关联的大集体，是社会有机体最基本的内容，是人们生存发展的基本环境，是宏观社会的缩影。在促进社会发展的过程中作用巨大，它实际上起着纽带的作用联系社会与政府之间的关系。社区应向政府反映儿童发展存在的问题和儿童权利保障问题，同时政府应给予相关的政策支持。与其他非政府性组织相比，社区的地位无法替代，同时还具有一定的优势。社区要落实相关儿童保障制度。要具体了解每一位儿童的情况，以便能够正确实施相关权利保障制度。儿童只要在社会上生存下去就离不开社区，无论他去到哪里都是在社区。为了保护那些在社区长期居住或短暂停留的儿童，应制定社区儿童发展状况监护制度。社区对于保障儿童的监护，不仅要做到对本社区的儿童相关家庭信息了如指掌，还要对那些有帮助需要的困境儿童给予特殊的监护。如：父母双亡、父母离异、父母非法虐待、因家庭困难生活无法保障、身体残疾和违法犯罪儿童。为了更好地了解社区所在地儿童现状，我国城镇社区需要做到报备上级需要、社会调查或者已经发生的典型事例等。然而这样做还是不够全面和系统，仅仅停留在浅显的报告阶段，没有实质性的帮助。与社区对儿童发展状况的制度相比较，还是有本质性的区别。在基本框架上有着较大的不同，具体如下。

1. 建立社区儿童发展状况的监护制度

大多数情况，由城镇街道办事处和居委会的主要工作人员组成社区儿童状况监督委员会。在农村，则是由当地有威望的老年人和村民委员会的重要人员组成儿童状况监督委员会。社区儿童状况监督委员会主要的工作内容是，领导并且监督社区儿童监护状况工作、协调相关部门处理儿童问题。比如：流浪儿童的居住问题，违法犯罪儿童重新释放后工作和上学问题等。当社区对以上情况无法独立完成时要同民政部门、教育部门和劳动部门进行相应的协调。同时关于本社区儿童状况的变化及其原因要予以掌握和了解，必要时要采取有效措施并与有关部门协调解决。

2. 赋予社区儿童工作人员一定的干预权

当儿童的合法权益得不到保护且遭受侵害时，社区儿童工作人员拥有一定的干预权这是社区监护制度所赋予的。这种干预权的目的是监护儿童状况，是保护儿童权利。域外经验显示，当儿童的权利受到侵害时，社区工作人员会以国家赋予的干预权对其进行干预。如法国在义务教育法中规定17岁以下的儿童要入学接受义务教育，如果该儿童在法定年龄内未接受教育，社区工作人员会联系儿童的家长进行询问，有需要时会上门进行了解。如果家长坚持不让儿童入学接受教育，将会受到相应的惩罚；其他国家也以法国为蓝本建立了类似的法律制度。根据国外的教育经验，我国也应采取同样的措施。特别是当有人侵害儿童的合法权益时，社区儿童工作人员可以充分行使干预权进而保护儿童的权益使其免受侵害，对儿童的身心健康发展起到了积极的促进作用。[①] 但是干预具有一定的限度，并不是何时何地都可以行使的。只有受到严重伤害的情况才能行使。除了有专职的社区工作者，其机构主要是由热心群众组成。对社区工作者的要求有：不得是文盲，要有一定的文化水平，了解儿童心理学和社会学的相关知识且具有社区工作经验。此外，在经济和社会条件允许的情况下建立儿童救助中心。负责宣传未成年流浪儿童保护政策；为未成年流浪儿童提供良好的居住条件，提供受教育的机会；负责未成年流浪儿童的心理检查和矫正康复等。此外，政府部门和社会团体应该对儿童救助中心给予一定的支持和帮助。

第二节　困境儿童平等发展权的实现路径

一　困境儿童平等发展权的自上而下实现路径：政府依法主导

（一）困境儿童平等发展权的政府责任

困境儿童平等发展权的自上而下路径，反映的是困境儿童平等发展权中政府和学校的态度。这一路径主要是通过上级传达命令，下级实施完成来实现预期目标，其主要强调上下级之间的层级控制。近年来，困境儿童平等发展权的问题在我国引起了相关人士的关注。从其他国家的历史经验上来看，其主要是由政府来主导。关于困境儿童平等发展权问题，政府要从三个方面来展开：制度保障、法律保障和财政保障。其次学校是儿童掌握基础知识和掌握基本技能促进儿童身心和谐发展的重要场所，因此学校要为困境儿童平等发展权的实现提供学习、交往和情感的支持。[②]

---

① 王之师：《成都市以社区为平台的困境儿童救助保护机制研究》，硕士学位论文，西南交通大学，2015 年。

② 邓旭、马凌霄：《困境儿童教育精准支持及其实现路径》，《辽宁教育行政学院学报》2018 年第 11 期。

1. 制度保障

要想使困境儿童的平等发展权得以实现，政府必须要制定出台相应的制度。我国首部促进儿童发展的正式文件是 1992 年国务院下发的《九十年代中国儿童发展规划纲要》。关于健全困境儿童分类保障制度被写入《中共中央关于全面深化改革若干重大问题的决定》当中。2016 年 6 月，国务院印发《关于加强困境儿童保障工作的意见》，继而确定为我国困境儿童平等发展权的纲领。此时政府的工作重点是促进农村学前教育发展。除此之外，对于农村地区我国还会继续采取专项措施，不断吸引优秀教师到农村地区发展，并提供教师培训的机会和提高薪资水平。以上措施在很大程度上提高了我国农村地区儿童的受教育水平。其他国家政府对于困境儿童的平等发展权也出台了相应的制度和措施，如家庭寄养制度，设立儿童收容所等。当家长有酗酒、吸毒或存在家庭暴力等问题，政府会进行干预。如果干预无效，那么政府会采取强制抚养措施，使儿童远离受害环境，由寄养家庭进行暂时抚养。对于这些儿童，如果监护人能够再次承担起抚养责任，儿童福利部门将撤销原来的强制保护令，让父母重新抚养儿童。困境儿童的平等发展权离不开政府的主导，对于资源的调动我们可以通过制定适宜的制度以此来保护儿童的合法权利。

2. 财政保障

致使困境儿童产生的一个重要原因就是家庭经济问题，同时因为经济问题使儿童的受教育权利也无法得到保障，因此困境儿童会面对双重难题和风险叠加。我们可以通过经济措施来展开困境儿童教育支持，比如：助学贷款、奖学金和社会福利资助等。对于经济困难儿童我们更要落实教育政策，使经济困难儿童全部能接受教育。对于残疾儿童，要建立相应的保障体系促进学校融合教育，并保障所有儿童的受教育权。我国基础教育阶段，尤其是在贫困地区存在教师人数少、教学设备差、教学质量低等问题。这些都需要政府的财政支持来解决，可以通过教师专业培训、教学设备更新、提高教师待遇等来解决这些问题。

（二）困境儿童平等发展权的学校责任

1. 提高教师质量

困境儿童平等发展权需要提高相应的教师质量，要想儿童得到良好的发展，教师的作用不可忽视。学生学习效果是影响教师职业效能感的关键因素，对于以特殊儿童为教育对象的教师更不容忽视。相比于普通的教师，特教教师的工作会更难展开。对于特殊教育教师的质量更要严格把关。可以通过提供岗前培训和在职培训来提高教师质量，使教师能够自如地处理好各种问题。培训不仅要包括教育知识水平的培训，对于教师的职业道德也要进行提高。2012 年 9 月，教育部等五部委联合发布《关于加强特殊教育教师队伍建设的意见》，提出"制定特殊教育学校教师专业标准，提高特殊教育教师的专业化水平"①。依据此文件来培养教师的专业素质。除此之外，对于特殊教育教师的生活环境和工作条件也要予以保障。如：政府提高特殊教育教师的薪资待遇，不断把更多的教师吸引到特殊儿童教育中来。

2. 推进融合教育

融合教育是基于 20 世纪 60 年代针对特殊学校和普通学校相隔离的情况所提出的。融合教育是特殊教育领域的一个重要概念，它指的是让大多数残障儿童进入普通班，并促进其在普通班学习的方式。将普通教育和特殊教育系统合并起来，建立一套统一的系统以管理教育资源，并希望将不同种类班级的学生融合在一起。其内容为：特殊儿童进入普通学校，与普通儿童一起学习和成长。融合教育让所有人主动关心特殊儿童，这种方式无论是对普通学生还是特殊学生，对他们的学业及社会性发展都有益处。除此之外还能够让特殊儿童可以在正常社会中生存。实行公平而有质量的教育是特殊教育的核心宗旨。特殊儿童以随班就读的方式，通过诊断性测验后加入到普通班级中，与

① 《关于加强特殊教育教师队伍建设的意见》，《现代特殊教育》2013 年第 1 期。

普通儿童一起学习。并在教育的过程中还需为特殊儿童提供相应的心理辅导和学业咨询，进而帮助特殊儿童更好地融入。在推进融合教育的过程中学校还应该起到沟通桥梁的作用，促进师生关系之间的良好发展和家校之间的良好合作。不断地提高社会和广大人民群众对于融合教育随班就读学习方式的接受程度。①

3. 建立监管体系

学校是社会的一种形式，是合乎儿童发展的雏形社会。学校体系可以弥补家庭教育功能的缺失。这就要求学校不仅要承担教书育人的责任，而且还应保护儿童的发展不受伤害，所以学校可以针对困境儿童建立相应的监管和保护体系。一是完善相应的制度及设施，让留守儿童可以在学校寄宿。不断地增加寄宿制学校为留守儿童提供住宿条件，保证他们的正常生活。除此之外困境儿童的心理健康更应该被注意，适时地对其进行心理疏导保证困境儿童身心健康发展。二是要不断提高学校的办学条件。如学校的硬件条件、教师的素质、教育管理水平及课程设置的合理性。为困境儿童营造良好的学习氛围促进身心全面发展。三是建立反馈机制，学校教师不仅要掌握每位学生的学习状况还要实时监控儿童的心理发展变化，建立家校合作机制，及时和家长反馈沟通，做到对每位学生的情况了如指掌。困境儿童平等发展权的自上而下实现路径，不能只有政府和学校参与，其他的社会群体也要加入其中，他们的力量也不容忽视。尽管困境儿童发展权问题有政府的制度支持，但是在落实政策的过程中还需要各方面的配合。

二　困境儿童平等发展权的自上而下实现路径：社会有序支持

自上而下的路径明显已经出现了消极影响，在政策制度的执行过程中已经产生了相应的问题。原因是忽视了社区、家庭和非政府组织

① 阮昕：《浅谈自闭症儿童的融合教育》，《现代职业教育》2018 年第 3 期。

的作用，单纯依靠自上而下的治理是不够的。所以困境儿童平等发展权自下而上的实现路径应运而生。这一路径表达的是群众观点反映群众心声。具体问题具体分析，依据实际情况来进行解决问题从而保护困境儿童平等发展权。因为个体的独立性，所以就会产生不同的人对待同一个问题会有不同的看法这种现象。为了避免这种状况的发生，沟通起到了巨大的作用。在实现困境儿童平等发展权过程中不仅要发挥政府的作用为困境儿童发展提供政策支持，家庭、学校和社区的作用也至关重要①。这三者要互相协调沟通互相配合，拧成一股绳齐聚一心。

（一）困境儿童平等发展权的家庭责任

困境儿童平等发展权的实现离不开家庭的支持，家庭对受教育者的思想品德和行为习惯的影响深远且持久。家庭对儿童的支持表现为资金帮助、道德教化和感情陪伴。困境儿童的身心发展往往受到了严重的阻碍，以留守儿童为例，留守儿童大多由年纪大的长辈教养，贫困地区落后的教育方式，只注重儿童的身体发展而忽视心理变化；家长本身的文化素养水平不高，较低的学业预期使得儿童没有按照年龄及时入学，当然另一个重要原因仍是家境贫寒。在很多农村地区还存在"读书无用""毕业就失业"的观点，这也大大加剧了儿童不能按时入学的现象。困境儿童家长家庭教育指导服务亟须改善，为困境儿童营造良好的家庭文化氛围。家庭教育工作者需要对家长进行正确引导，提高父母的受教育程度，社会和学校为家长普及育儿知识技能及残障儿童教育的知识；家庭和社区之间要增强联系，根据每个家庭不同的情况提供相应的帮助；政府为困境儿童提供资金帮助。通过以上措施来为困境儿童营造良好的家庭氛围，使困境儿童家庭的数量逐渐减少。

---

① 王之师：《成都市以社区为平台的困境儿童救助保护机制研究》，硕士学位论文，西南交通大学，2015 年。

（二）困境儿童平等发展权的社区责任

社区具有纽带的作用，它不仅要做到与高层领导沟通，实施有关于困境儿童的政策、福利保护等。还要保障困境儿童发展的环境，为其提供各种活动帮助。1990年英国政府颁布了《全民健康服务与社区照顾法令》，意味着社区照顾成为一项重要的社会政策。其内容主要是收集该区域人们的信息进而形成社区网络系统。加强社区居住地的群众与社区组织之间的联系，进而减少政府的干预。以社区为纽带增加政府与其他组织之间的交流协作。

第一，以社区为基础，多元主体积极合作。如社区人员、关注困境儿童的组织、政府三者之间相互协作。落实关于困境儿童的各项制度政策，为困境儿童平等发展权提供信息渠道和人力帮助。对于那些由于各种原因不能进入普通学校的儿童提供相应的帮助，比如教师上门教学等。以此提高特殊儿童的教育获得水平，尽量使每位儿童特别是残障儿童都能够有接受教育的机会。第二，针对社区内的居民，要鼓励他们踊跃参与到困境儿童平等发展权的活动中。传播相关知识，提高居民保护困境儿童平等发展权的意识。第三，困境儿童社区应该成立发现报告机制。其机制主要的功能是搜集社区内的困境儿童，并对他们的基本信息进行整理和分类。针对不同的困境儿童情况给予恰当的帮助，并为其提供个性化的服务。除此之外还可以建立困境儿童保护机制，为困境儿童提供良好的生活环境和氛围，并开展个人重点帮扶。

（三）困境儿童平等发展权的非政府组织责任

非政府组织主要是由社会群众自发组织起来的群体。其特点是自愿性、独立性和不稳定性。因为非政府组织具有无营利性和政治方向性的特点，比政府组织更能够了解社会的方方面面，也更深入人民群众，可以为困境儿童平等发展权的保护贡献力量。例如，国际慈善组织引进大力推广家庭教育的观念，为我国困境儿童平等发展权的发展起到了巨大的推动作用。国际慈善组织把部分资金用于推动我国困境儿童福利制度的变革并且还欢迎我国政策制定者游学访问。在整合困境儿童平等发展权方面，政府应该为非政府组织提供工作支持，帮助其发展。2016 年 6 月 16 日，国务院发布的《关于加强困境儿童保障工作的意见》中表明要加强政府和社会组织之间的联系，建立互动机制，保障困境儿童的基本生活，为困境儿童提供对应的服务和资金捐赠。

《关于加强困境儿童保障工作的意见》中提到，关于困境儿童的专业服务机构发展可以通过其他方式来进行。比如：政府可以和社会资本合作（PPP）来促进其发展。通过社会组织的支持来完善困境儿童的教育服务问题。还可以联动社会工作者、专业教师队伍和参与困境儿童活动的志愿者，针对困境儿童的身心发展特点提供相应的帮助。如：引导心理健康成长、学习课业帮助、营造良好的教育氛围等。综上，对于困境儿童的发展权保障工作，非政府组织也加入到其中并且获得了国家的制度鼓励。因此，困境儿童平等发展权的积极发展，需要政府、学校、家庭、非政府组织的多主体参与，重要的是，主体间应相互沟通，协作配合。

三　困境儿童平等发展权的自内及外实现路径：专家务实推动

为了更好地反映专业人员对于困境儿童平等发展权的看法，困境儿童平等发展权的自内及外实现路径主要以专家为基点。专家务实推动的主要特点是，以科学研究为基础，生成中立性观点和学术成果。专家通过调查研究，并结合专业知识和政治理论剖析影响困境儿童平等发展权的因素，并分析这些因素产生的原因。从专家的视角出发来分析困境儿童平等发展权，还要通过论文或学术报告的方式来进行表达。目前，在政府决策制定中会更多地参考专家和专业顾问的意见，并且他们在决策过程中的作用逐渐增强[1]。

---

[1]　邓旭、马凌霄：《困境儿童教育精准支持及其实现路径》，《辽宁教育行政学院学报》2018 年第 11 期。

（一）质询报告

质询原本的意思是指，在议会会议中，议员针对政府所提出的政策方针、实施措施和其他事宜，提出自己的疑问且要求政府最高领导或其他高层官员做出回答的一项活动。困境儿童平等发展权质询报告意思是：在举办议会会议中，教育专家和学者针对政府颁布的困境儿童平等发展权的政策方针和实施措施等提出自己的质疑且要求政府相关领导做出回答的一项活动，最终撰写成质询报告。反映的是专家关于儿童平等发展权的看法。

（二）学术成果

从文献视角出发，第一篇关于困境儿童教育支持的文献在2002年发表。最近几年，在困境儿童教育平等发展权这个领域，越来越多的教育专家和学者从困境儿童平等发展权的背景、实施和评价等方面提出了自己的看法和建设性意见。比如有专家认为要不断强化困境儿童的家庭教育，不断完善儿童权益保护体系，使困境儿童拥有良好的家庭氛围，并促进其身心和谐发展。也有专家认为要不断完善儿童社会保障体系和加强困境儿童社会救助工作，以此来实现困境儿童平等发展权的现实路径。另外还有专家分析了制约着社会组织参与困境儿童平等发展权的因素并且还提出了建设性意见。还有专家从家庭、学校和社会三大角度来剖析贫困地区留守儿童的教育问题，从心理层面、行为层面、社会化层面三大层次对贫困地区留守儿童进行教育帮助，从而使贫困地区儿童身心全面健康发展。以上都表现了在近几年困境儿童平等发展权问题受到越来越多学者和专家的关注。因此对于困境儿童平等发展权问题要认真地听取专家的意见，以此来帮助困境儿童走出困境快乐成长。

（三）专家话语

2013年上海困境儿童保护研讨会在上海科学会堂正式召开。该会议讨论的内容有：上海地区困境儿童的现状及存在的问题，相关政策与应对措施，并展望困境儿童的未来发展。具体包括：政府应履行相应的职责，完善相关法律法规以及设置社会保障机构，试图寻找困境儿童平等发展权在上海的未来发展方向。在第六届中国社会福利研究国际研讨会中，杨文健教授基于普惠理念探讨了江苏省困境儿童保障的分类依据和分类体系，提出依据困境儿童类别来实施不同的救助路径。基于此建立困境儿童的保障机制，并从政府政策、资金财政、社会组织和法律法规等方面都提出了建设性的意见和相应的保障措施。万国威教授对困境儿童进行了数据统计分析，在福利期待水平上，不同的儿童群体与其他社会群体和不同个体儿童之间存在着显著差异，但是本质上其对于社会福利态度是没有区别的①。因此，政府更应该关注群众对于福利的核心需求，在困境儿童发展权上要更关注专家的意见。

---

①　邓旭、马凌霄：《困境儿童教育精准支持及其实现路径》，《辽宁教育行政学院学报》2018 年第 11 期。

第四章 共同富裕与贫困家庭儿童平等发展权的保障

从某种意义上讲，人权作为全部自然人理应享有的权利，首先应特指社会弱势群体，[①] 贫困人口作为特殊弱势群体，其人权是一种"带有特权性质的人权保障"。[②] 家庭作为社会组成部分的基础，是儿童成长发展的第一场域，对儿童发展理念、发展趋势等都产生直接影响。贫困家庭儿童尚未摆脱家庭贫困的困扰，面临着不平等的经济发展权、滞后的文化发展权、弱化的社会发展权和薄弱的可持续发展权，陷入现实压力及自身压力的多重困境。扶贫立法应以宪法中有关公民基本权利（尤其是生存权、发展权等）的规定为依据，坚持以人为本将发展性扶贫与保障性扶贫相契合，以获得促使未来性发展的可行能力作为公民的基本权利，将国家兜底型补助和发展型权益保障确定为国家对公民应尽的义务。[③] 习近平总书记明确指出，"我们追求的发展是造福人民的发展，我们追求的富裕是全体人民共同富裕。"[④] 发展要争取"不落一人"，更要确保发展的成果由全体人民共享。

---

① 蓝宇：《民生法治视阈下的弱势群体民生权利保障》，《求索》2009 年第 5 期。
② 唐梅玲：《精准扶贫的行政法保障研究》，博士学位论文，中南财经政法大学，2018 年。
③ 刘宇琼、余少祥：《国外扶贫立法模式评析与中国的路径选择》，《国外社会科学》2020 年第 6 期。
④ 《习近平新时代中国特色社会主义思想学习问答》，学习出版社、人民出版社 2021 年版，第 98 页。

第一节 贫困人口平等发展权的理论框架

扶贫立法体系应以宪法中有关公民基本权利（尤其是生存权、发展权等）的规定为依据。坚持以人为本就是将保障性扶贫确定为公民的基本权利和国家对公民的应尽义务。[①]

一 贫困人口平等发展权的理论基础与法律保障

平等发展权作为我国人权话语的核心内容，并不仅仅停留在法学层次的论证和推演，更有其深厚的思想根基和付诸实践的现实要求。[②]因此探寻贫困人口平等发展权的理论基础和法律保障是时代的要求。将权利保障与制定法律、落实政策相结合，为我国平等发展权的实践演变提供理论支持和法律保障。

（一）贫困人口平等发展权的理论基础

1. 贫困人口享有平等发展权的合理性

基于社会公平正义视角下内涵细化的合理性。贫困问题不单单是社会分配问题的缩影和民生领域的问题，其实质意在指向社会公平与正义。社会公平正义自古多被认为是社会治理的关键，公平强调的是公正与平等；拆分来看，公正是一种价值判断，内含一定的价值标准，对社会来说，其主要侧重于"基本价值取向"，且这种取向被公认为是正当的；平等是社会的基础，是整体和谐发展的基本要求和目标，如古代对"不患寡而患不均"的描述。作为社会主义核心价值观之一，反映着社会发展的基本价值取向，平等意味着道德立法的兜底性价值尺度。正义之义通宜，以事物之合宜为基础即符合公认的道德规范要求。因此正义强调的是资源配置与利益获取的合理性，更多的

指向国家制度政策的建构运行和社会成员阶层划分下利益获得与具体权利义务。

公平正义不仅表现为人的权利与机会等社会显性要素的平等，还表现为人的自由和尊严被尊重等个体隐形要素的平等。[①] 亚里士多德在其伦理学著作中认为"公正不是德性的一个部分，而是整个德性；相反，不公正也不是邪恶的一个部分，而是整个邪恶。"[②] 亚里士多德将公正置于德性核心地位，而罗尔斯（John Rawls）则将公正细化拆分为公平与正义，在《正义论》中强调像真理之于思想体系的意义一般，社会制度的首要价值是其正义性。[③] 正义是一种以公平为修饰语的正义，公平是正义的基础和核心，社会中的所有价值均要自由平等的予以分配并确保能合乎每一个人的利益。[④] 因此罗尔斯提出将社会正义作为社会契约与合作的基础，他提出，应该着力推行几项基本原则：公平正义、自由、差别以及其他原则，以此保护这种"积极的自由"。为积极自由提供恰当保护。马克思主义正义理论以唯物史观为证明，提出构建自由人联合体的良性社会，认为"每个社会成员都应当拥有这样的权利，在社会中，各社会成员们能够平等地拥有、获得和使用社会生产资料和自然资源。这种注重保护平等的社会，既是理性主义者生活的良好秩序的社会，也是每个社会成员互相关爱的社会。"[⑤]

虽然基于阶级立场，马克思与罗尔斯在社会正义问题上有所分歧，但二者均将维护普通民众根本利益作为解决社会经济不平等的出发点，将优化社会基本结构作为社会变革的切入点。由此可见贫困问

---

① 李兴洲：《公平正义：教育扶贫的价值追求》，《教育研究》2017 年第 3 期。

② ［古希腊］亚里士多德：《尼各马科伦理学》，苗力田译，中国社会科学出版社 1990 年版，第 262 页。

③ 吕培亮、刘鹏、牟成文：《中国历史性地解决绝对贫困问题的重大意义研究——基于公平正义视角》，《喀什大学学报》2020 年第 5 期。

④ ［美］约翰·罗尔斯：《正义论》，何怀宏、何包钢、廖申白译，中国社会科学出版社 1988 年版，第 62 页。

⑤ 傅丽红、张国清：《马克思、罗尔斯和社会正义》，《浙江社会科学》2021 年第 2 期。

题直接外显的社会资产占有和生产力水平滞后等因素可内隐为资源、机会、自由、自尊等社会价值供给与保障的不足，因此基于社会公平正义视角下保障贫困人口的平等发展权不仅是减贫扶贫的表层指标，更深层是为保障所有社会成员的自然权利并使全社会达到公正平等的状态，实现自由平等的良性社会。

发展权减贫功能正向影响的必要性。《联合国千年宣言》在"发展与消除贫穷"方面提出世界各国保障发展权的具体行动，指出各国应不遗余力帮助全体人民摆脱极端贫困，使每一个人的发展权得以实现。① 此宣言将贫困问题由经济维度转向人权保障维度。作为当今世界各国公认基本人权之一的发展权，其覆盖范围为世界各国，无论发达国家还是发展中国家，无论经济发达地区或经济贫困地区，人人平等参与促进并享有发展权，不因经济生活窘迫而影响其发展权的公平实现②。同时由于发展权带来的减贫增效作用，发展权保障全体人民的发展权即保障他们的生存权和免贫困权，其功能作用进一步外延。

2. 国家义务保障贫困人口平等发展权的必要性

《发展权利宣言》第 2 条第 3 款规定国家应承担起制定相应的发展政策保障全体人民自由、平等、有意义地、积极地参与利益分配并合法享受国家保障，改善全体人民福祉的义务；第 3 条第 1 款规定："创造平等发展权所需的有利国内国际环境的责任由各国承担。"③ 贫困人口平等发展权的保障往往鉴于国内法之实定法的基础上，因此国家基于减贫义务进行立法设计实属题中之义，一般认为国家所承担的义务包含三方面即"尊重的义务、保护的义务和实现的义务"。

---

① 联合国：《千年宣言》，2000 年 9 月 8 日，http：//www.un.org/chinese/ga/55/res/a55r2.htm，2022 年 6 月 6 日。

② 宋才发：《精准扶贫是贫困群体实现发展权的根本保障》，《学习论坛》2017 年第10 期。

③ 联合国：《发展权利宣言》，1986 年 12 月 4 日，http：//www.scio.gov.cn/ztk/dtzt/34102/35574/35577/Document/1534188/1534188.htm，2022 年 5 月 26 日。

具体来说，尊重的义务就其法律属性来说是一种消极义务，即尊重贫困人口的自主发展而不干涉的义务，国家尊重义务指向发展权的次要权利属性—自由权。此种尊重并非是不作为式尊重，而是建立在贫困人口自身具有强烈摆脱贫困的意愿和需求基础之上，在普遍价值观背景及理性观念许可下国家尊重贫困人口作为发展权权利主体，通过自愿自主行为所获得的一切发展权利、发展机会和实际利益。"从发展权制度的变迁来看，国家层面的默许事实上代表了一种针对这种具有致诱性变迁的承认。"① 相关实践表明，减贫制度可以由贫困人群本身设计创造，由于其自身有摆脱贫困享受现代化生活的现实动力，设计出的减贫制度往往具有一定的创造力和生命力，而国家应在此基础上应对诱致性变迁制度和减贫秩序的生成与存在保持尊重与默许，消除阻碍贫困人群发展的制度歧视，清理法律限制，创设良好环境以降低或补足贫困人口获取"以贸易为基础的权利、以生产为基础的权利、自己劳动的权利、继承转移的权利等四方面权利。"②

国家具有保护义务，在制度构建层面必须采取有力举措使得贫困人口享有平等发展权，使其免受公权力削减或三方干扰。保护的义务就其法律属性来说是一种积极义务，此种义务指向发展权的核心权利属性即社会权。由于发展权核心属性的复杂性特点决定了国家积极义务的法律划分层级不同，依据义务的明确性和法律强制性的不同，至少可分为"最低限度义务、积极考虑义务和选择改善义务"。作为国家的法律责任，最低限度的义务与发展权本身的"最低实质性标准"相对应，即国家有义务保证所有社会成员获得发展所需的最低资源和条件，并享有相应的法律救济，国家为其提供法律申诉途径并承担法

---

① ［美］罗纳德·哈里·科斯：《财产权利与制度变迁》，刘守英译，上海人民出版社 1994 年版，第 374 页。
② ［印度］阿马蒂亚·森：《贫困与饥荒》，王宇、王文玉译，商务印书馆 2001 年版，第 6—7 页。

律之责任。① 大须贺明指出最低限度义务应是贫困人口生存权加以满足后发展权仍具有的采取科学技术手段可以测量的最低标准，如保障贫困学生接受义务教育权利和享有助学贷款资格；② 积极考虑义务实质上是一种指向平等的发展权保障，即国家在其财政范围内积极考虑国家公民主体平等自由共享经济发展红利和国家发展成果的机会和可能性，是对基础发展权的拓展和延伸，也是对国家义务要求的深层化落实。此义务要求国家贯彻平等发展理念为欠发达地区和弱势群体提供相应的帮扶补助；选择改善义务是一种留有余地的发展义务，是一种国家依据财政能力自主选择在更高层次上提升发展水平的义务，无法律强制力。上述三个层次的积极义务为贫困人口平等发展权搭建了法律保障支架。

国家实现义务是一种给付义务，即国家或政府应当在一定的经济基础条件下，提供帮助或支持，采取积极措施为贫困人口提供相应的资源补助，积极开展相应帮扶活动加强贫困人口获取资源、把握机会、实现自身发展的机会，促成贫困人口发展权的实现和享有。③ 国家实现义务是国家行为义务和结果义务的统一，属于"即刻实现义务"。④ 贫困人口国家实现义务实质是赋予贫困人口直接请求国家积极作为促进或提供相应资源权利等，以获得相应福利服务实现自由而全面发展的权利。⑤

（二）贫困人口平等发展权的法律保障

现有的法律保障体系以兜底性保障和发展性保障为主，以贫困人群基本生存兜底保障为出发点，以贫困人群可行能力发展为落脚点，

---

① 梁洪霞：《民族自治地方发展权的理论确立与实践探索》，《政治与法律》2019 年第11 期。

② ［日］大须贺明：《生存权论》，林浩译，法律出版社 2001 年版，第 98—99 页。

③ 孙世彦：《论国际人权法下国家的义务》，《法学评论》2001 年第 2 期。

④ 杜承铭：《论基本权利之国家义务：理论基础、结构形式与中国实践》，《法学评论》2011 年第 2 期。

⑤ 吴鹏飞：《儿童福利权国家义务论》，《法学论坛》2015 年第 5 期。

在生存权得以保障的基础上进一步实现发展权。在全球减贫大背景下，以赋权为导向的发展型保障以其获得性、发展性、参与性等核心要素对贫困人口资产持有及行为能力予以提升，反映的是相关领域主体的工具性力量。因此，赋权本身就是发展权核心，注重主体的自我发展意识，提高其内在能力以获得平等的参与权与选择权①，赋权不单单意味着权力的线性传递演变，更多的意味着作为自然人的贫困人口实现自我决策、自主行为、自发管理的自由自主过程，这一过程也不断开发并发展人的自身潜能的过程。②

1. 贫困人口发展权的国际赋权法制

国际社会已不再直接局限于物质资源补贴的供血式反贫救助，而是借助赋权法制减贫增效，依法展开造血式救助服务，大致可分为"经济救助机制、政治参与机制、文化普及机制及社会融合机制"四类。依托法律为贫困人口提供配套组合资源，促进贫困人口自身发展。③

（1）经济救助机制的国际实践

英国是第一个引入社会保障制度的国家，从1349年爱德华三世颁布的社会弱势群体救济法开始，④到二次大战后英国工党的一系列法案，英国逐步成为一个福利国家。1908年，英国议会颁布《老年退休金法案》，确立了老年人退休后的经济补助形式为退休金。法国的扶贫制度同样历史悠久，至今已相对完善，强调公平保护平等权。受启蒙运动和法国大革命的影响，"自由、平等、博爱"的思想深入人心，保障性扶贫确立为国家的义务和公民的权利，产生了保障式扶贫的早期萌芽。二次大战后，戴高乐政府派人研究和整理法国的各种

① 汪习根：《发展权全球法治机制研究》，中国社会科学出版社2008年版，第315页。
② 唐勇：《论贫困人口发展权的法律完善》，《北京工业大学学报》（社会科学版）2014年第5期。
③ 唐勇：《论贫困人口发展权的法律完善》，《北京工业大学学报》（社会科学版）2014年第5期。
④ 《简明不列颠百科全书》，中国大百科全书出版社1986年版，第171页。

福利制度，并以此为基础，创建了战后法国福利制度。[①] 法国除了保障性扶贫外，也有开发式扶贫，德国 1881 年在首相俾斯麦的建议下，德皇威廉一世颁布了公告，使德国成为了现代保险制度的发源地。公告提出不能仅靠镇压解决社会民主主义，要积极的促进工人福利，尤其是给摆脱了农业生产进入城市收入很容易受经济波动影响的城市工人中的贫困群体更大的安全感和支持。[②] 美国的贫困保障从 1929—1933 年世界经济大危机开始有了巨大变化，政府推行了一系列社会保障措施，以保障就业、住房、医疗、教育等问题。二次大战后这一趋势继续推进，基本形成福利国家格局。

（2）政策参与机制的国际实践

各国政府主要通过立法、设立政府扶贫机构、鼓励设立对应保险等方式参与立法，且从长期实践看，各国无一例外地选择了以政府为主导的扶贫格局。如 19 世纪英国"费边社会主义者"主张通过立法实现社会改良，扩大政府权力保障人民生活，2010 年英国通过了《儿童扶贫法》，要求政府每年向议会报告该法的执行情况并制定目标。1850 年，法国通过了《公共援助和预防法》，规定制定养老金服务制度，建立国家全国退休金管理局。在保险方面，1883 年的《德国疾病保险法》是世界上第一部社会保险法，与 1884 年的《工业事故保险法》和 1889 年的《强制性老年和残疾保险法》一起，标志着社会保险立法新时代的到来。[③]

（3）文化普及机制的国际实践

文化贫困与经济贫困存在着因果循环关系，赋权语境下的文化普及机制可分为"义务教育补贴机制、贫困地区教师补贴机制、语言教

① 王燕阁：《法国社会保障情况》，《国际资料信息》1996 年第 6 期。

② 刘宇琼、余少祥：《国外扶贫立法模式评析与中国的路径选择》，《国外社会科学》2020 年第 6 期。

③ 刘宇琼、余少祥：《国外扶贫立法模式评析与中国的路径选择》，《国外社会科学》2020 年第 6 期。

育的选择机制、科技进步的分享机制及体育锻炼的培育机制"，① 而教育作为文化传播的直接载体，既是实现贫困人口文化赋能的主要形式，又是落实社会公平正义的有效途径。各国在文化普及，赋能文化可行力的实践上大多都尝试通过教育进行文化知识传播以提高贫困人口的文化行为能力，并注重在这一过程中的教育公平问题。如英国2004 年《儿童法》十分关注弱势儿童的教育，计划缩小贫困儿童与其他儿童的差距。② 2005 年，法国政府通过了《面向学校未来的方向与计划法》，为被认定为有学习困难的儿童提供特别支持，③ 同时增加贫困地区教学资源的投入和教师的岗位工资，使得贫困人口受教育权的保障和贫困的减少成为可能。④

（4）社会融合机制的国际实践

1995 年，联合国召开了社会发展问题世界首脑会议，会议通过了《哥本哈根社会发展问题宣言》。《宣言》指出，各国要将贫穷、失业和社会排斥视为社会问题中的关键一环。各国的任务就是要揭示这些问题的内在结构和原因，消除带来的消极作用。⑤ 而贫困人口又面临着上述三大问题，失业带来的经济贫穷，社会排斥带来的心理贫穷都使得贫困人口陷入自尊和自我认同障碍中。因此消弭社会差异、推动社会融合和促进失业劳动力再就业是实现贫困人口社会发展权的赋权方式。

社会融合主要包括宏观和微观两大机制，宏观主要指打破商品经济出现后的社会结构化分层所带来的阶层边界排斥的融合机制。法国

① 唐勇：《论贫困人口发展权的法律完善》，《北京工业大学学报》（社会科学版）2014 年第 5 期。

② 江赛荣：《英国教育福利制度的变迁及其启示》，《外国教育研究》2012 年第 7 期。

③ 陈群：《发达国家教育精准扶贫的政策比较与借鉴——以美国、英国、法国和日本为例》，《当代教育科学》2019 年第 3 期。

④ 陈群：《发达国家教育精准扶贫的政策比较与借鉴——以美国、英国、法国和日本为例》，《当代教育科学》2019 年第 3 期。

⑤ 唐勇：《论贫困人口发展权的法律完善》，《北京工业大学学报》（社会科学版）2014 年第 5 期。

著名社会学家布迪厄提出的阶层结构再生产的概念，融合催生出基层内部认同与排异。这种认同的形成是与阶层之间的边界联系在一起的。① 微观融合主要指贫困人口在相同场域内不同生活空间下与非贫困人口的融合机制，更多指向社会关系构成与社会情感基础的培养，这种融合需要国家有意识的赋权，搭建活动平台并建立双向流通机制。

微观副合机制推动失业劳动力再就业是各主要发达国家助力成年贫困人口社会融合的主要方式。美国罗斯福新政时期学习苏联经验，建设国家大型基础设施，采取以工代赈的方式，让大量失业人口获得工作，从而保障其社会融入能力和基本生活收入。德国同样尝试通过失业救助改革，建立激励性就业扶贫机制，最具影响力的即2005年1月"哈茨4号方案"（Hartz Ⅳ），旨在帮助失业者重新进入劳动市场。

2. 贫困人口发展权的国内政策保障

我国尊重和保障人权，将其载入法律予以保障。《宪法》规定"中华人民共和国公民在法律面前一律平等"以及"国家尊重和保障人权"。而作为人权中的元权利，平等发展权不论是自然性先赋因素还是社会性先赋因素均应获得国家的尊重与保障，贫困人口作为国家的特殊弱势群体更应放在人权保障的首位。

《中国的减贫行动与人权进步》白皮书中指出中国政府应有针对性地采取一系列积极手段和方法，提供相应资源与机会帮助贫困人口摆脱无尊严的极端贫穷状态并参与共享发展积极成果，这一宣言从人权角度清晰全面地阐释了中国政府对待贫困的基本立场和保障决心。②

中国政府以实际行动将反贫困纳入贫困人口的基本人权范围内，指出国家政府等责任主体通过国家给付义务和发展理念下具体行动措

---

① 孙立平：《中国社会结构的变迁及其分析模式的转换》，《南京社会科学》2009年第5期。

② 宋才发：《精准扶贫是贫困群体实现发展权的根本保障》，《学习论坛》2017年第10期。

施帮助贫困人群扭转困境，摆脱贫困陷阱。减缓和消灭贫困现象是确保贫困群体依法实现发展权的坚实基础。①

二　我国扶贫立法的实践演变与可持续发展建设

（一）我国扶贫法律制度的实践演变

我国已有多部关于或包含扶贫开发内容的法律法规，是各地地方立法的重要依据，但国家层面的扶贫立法和规范实际上仍然缺位，地方立法工作也受此影响。

中共中央、国务院制定发布了《中国农村扶贫开发纲要（2011—2020 年）》，成为十年间扶贫开发的纲领性文件（以下简称《纲要》）。《纲要》明确指出，要注重增强扶贫对象的自我发展能力，注重基本公共服务均等化等要求。截至目前，基本实现了《纲要》要求中的，到 2020 年，稳定实现扶贫对象不愁吃穿、享有基本医疗、住房并享有教育的权利，全国贫困县全部脱贫摘帽，是人类脱贫减贫史上最辉煌的成就。但基本公共服务均等化的要求距离实现仍然距离甚远。集中体现为地区、城乡之间的不平衡，尤其是教育不平衡成为当前诸多公共服务水平差异的焦点问题。尽管如此，各地仍然出台了许多地方法，如《广西壮族自治区扶贫开发条例》《广东省农村扶贫开发条例》《陕西省农村扶贫开发条例》《湖北省农村扶贫开发条例》《河北省农村扶贫开发条例》等。从这些地方立法文件来看，多数以"总则""扶贫对象""扶贫内容与主要途径""扶贫项目与资金管理""法律责任""附则"等几个方面划分章节。这些地区通过地方立法，为扶贫开发提供了积极的地方法律保障。但是，各地地方法规往往不止一条，且不成体系，缺乏内在核心逻辑的联系，缺乏后续防止返贫和追踪条款，也制约了这些法规进一步保障脱贫攻坚的能力。

---

① 宋才发：《中国共产党民族工作的基本经验研究》，《黑龙江民族丛刊》2021 年第1 期。

（二）可持续发展建设：劳动能力建设

习近平总书记于 2013 年 11 月在湖南湘西考察时首次提出精准扶贫的概念。"精准扶贫"为新时期扶贫提出了新要求，要阻止贫困的代际传递，[①] 就必须提高贫困人口的生存与发展能力，变"输血"为"造血"，帮助贫困人口提升就业竞争力，能够充分就业。

总的来说，劳动能力建设主要有两个流向，一是农村劳动力到发达地区尤其是东部发达省份务工；二是省内流动，农村地区劳动力转移到本省、本市的市区镇务工。

三 教育扶贫法制化的可行性分析与国内外实践

（一）国外教育扶贫法制化实践

1. 美国的起点扶贫

学前教育方面，第二次世界大战后，美国自 1965 年提出《开端计划》，关注贫困儿童学前教育问题。1995 年的《早期开端计划》进一步为 3 周岁以下的贫困儿童家庭提供帮助。《2007 开端计划入学准备法案》更是使得每年约有 100 万儿童得到援助。

基础教育方面，早在 1945 年，时任美国总统杜鲁门就提出"午餐计划"，时至今日这一计划每天为上千万学生提供免费午餐。美国历史上第一部补偿性教育法案是《中小学教育法》，于 1965 年颁布，旨在通过联邦进行专项拨款支持包括贫困学生在内的弱势学生学习。此外还通过投资落后地区的教育，尽可能促进教育公平。奥巴马当政时期，推出了"卓越攀登计划"，推行联邦税后减免、抵扣吸引企业捐款，帮助贫困儿童及其家庭。

2. 英国的教育补助

英国是典型的西欧福利国家，具体来说，在学前教育方面，2004年英国颁布了《儿童法》，该法明确规定了缩小贫困家庭儿童同其他

---

① 蒋昌忠：《论职业教育在教育扶贫攻坚中的主渠道作用》，《中国职业技术教育》2019 年第 21 期。

儿童差距的目标，计划为他们提供相应的教育服务。

基础教育和中等教育方面，《1944 年教育法案》明确提出各地方教育局应向贫困儿童提供免费的基础教育服务和基本生活帮助、免费的中等教育服务，并为其继续接受高等教育和继续教育提供奖学金支持。

在高等教育方面，英国《1990 年教育法案》关于学生贷款做出以下规定：50 岁以下的英国所有全日制大学生都可以向政府申请助学贷款，这些贷款根据各地财政略有不同，但以免息贷款为主，条件优惠，甚至可以免予一部分还款。2010 年的《布朗尼报告》进一步提高了还款最低标准，尝试进一步提高补助。

3. 日本的贷学金

1956 年日本文部省颁布法令，提出国家补助贫困儿童。1990 年，《修订小学校令》明确规定日本实施四年制义务教育，并且免费入学，在实践中采用各级政府共同募资的办法，减轻学生负担，这对贫困儿童家庭入学提供了有力保障。

在缩小地区差距方面，《市、町、村小学教育国库补助法》规定由国家补助地方尤其是发展相对滞后地区的教育经费。[①] 此外，日本拥有完善的教师和校长轮岗制度，规定中小学校长不能在同一学校连任，且需 5 年一轮换，这一举措至少在师资上促进了发达地区和贫困地区的教育均等化。

在高等教育阶段，高中生和大学在读生都可以申请政府贷学金的资助，即将毕业的高中生根据申报高校可提出"预申请"，已入校就读的大学生可以直接提出申请。经过审核后，根据其个人条件判断是否收取利息，通过无息或低息的教育贷款，为部分无力支付高等教育学费的贫困学生提供了难得的机会。

综上，三个国家都非常注重用法律法规、行政命令的形式为贫困

---

① 陈群：《发达国家教育精准扶贫的政策比较与借鉴——以美国、英国、法国和日本为例》，《当代教育科学》2019 年第 3 期。

儿童就学提供法律保障，这些政府主导的法令或法案使得教育扶贫政策以法律形式确定下来，许多原则和条款得以长期执行。当然各国法律推出的理念和侧重点有许多不同之处，英国强调消除种族歧视、帮助落后学区；美国强调补偿性，缩小群体差距；日本注重师资力量均衡，教师流动制度成为许多国家的教育扶贫参考。

（二）国内教育扶贫法制化实践

我国教育扶贫主要有两种途径，一是在扶贫相关法律中体现教育扶贫内容；二是在教育法制化进程中完善有关教育扶贫的条款。我国的教育实践更倾向于后者。

1. 大力推动城乡一体化建设

各地教育扶贫都有其特殊经验，就全局来看，集中体现为发达地区和欠发达地区教育投入资金有巨大差异。因此，教育转移支付成为推动欠发达地区教育扶贫的有力抓手。大力推进教育资源的城乡均等化。义务教育阶段，一方面，国家大力推进"两免一补"和营养午餐计划，为贫困生提供进一步资助等，在微观角度提升贫困学生生活水平；另一方面，大力推进义务教育标准学校建设，提升欠发达地区学校办学质量和水平，在宏观上对"相对贫困"地区学生缩小教育资源差距提供了有力支持。这些做法事实上都是落实《义务教育法》《教育法》等教育相关法律中关于教育公平的条款。

2. 推进县域教育发展

近年来，普及学前教育和高中教育的呼声日渐高涨，为学前教育和高中阶段教育提供补助，对消除贫困的代际传递、保护贫困儿童的受教育权具有重要意义。在国家大力推动下，各区县积极推进公办幼儿园建设，以山东省德州市某县为例，从 2017 年到 2022 年，平均每年都增加幼儿园入学名额 150 名。

3. 缩小普职教育水平差距

2021、2022 两年，教育部连续发出文件要求各地继续根据政策保持普职比 1∶1 分流。强行分流政策导致社会各界产生"将贫困儿童、学困生送入职高"的担忧，因此，提升中等职业学校的办学水平成为各级教育部门的重要工作。一方面着力提升中职学校办学条件，另一方面提升中职学校同企业的联系，确保毕业生的就业能力。2022 年 5 月 1 日起，新版《中华人民共和国职业教育法》正式施行，这次大修是该法1996 年颁布施行以来尚属首次。这次修订首次提出职业教育与普通教育的地位问题，明确指出两者地位相同。此法强调了职业学校学生在升学、就业、职业发展等方面与同层次普通学校学生享有平等机会，并提出，在事业单位招聘过程中，可向技术类工种降低学历要求。①

第二节　贫困家庭儿童平等发展权的现实困境

贫困不仅仅意味着收入的缺失，更体现在个体与家庭对于灾害、疾病、教育等风险的应对不足以及社会保障与社会服务获得不平等有关；与此同时，家庭所面临的风险和脆弱性可能通过父辈传递到下一代，导致长期贫困或者贫困的代际循环。反贫困干预除了关注现时的收入—消费维持，还应当强调个体及家庭在生命历程发展中可能出现的贫困风险，尤其是贫困家庭儿童的发展需求。贫困代际传递的相关研究强调童年期和成年期的相互连接。人生早期阶段的弱势处境会产生累积不平等效应，对个体未来发展以及社会分层产生消极影响②；研究者关注父代与子代之间的相互影响机制，探讨哪些保护性及风险性的因素阻碍或导致代际传递，以及如何进行有效的政策与服务干预。③ 从代际关联的维度回应贫困问题对于实现反贫困的可持续性有十分重要的意义。

---

① 李睿宸：《新职业教育法自 5 月 1 日起施行》，《光明日报》2022 年 4 月 21 日第 3 版。

② Duncan，G. J.，eds.，"How Much does Poverty Affect the Life Chances of Children？"*American Sociological Review*，Vol. 63，No. 3，1998，pp. 406 – 423.

③ Harper，C.，Marcus，R.，& Moore，K.，"Enduring Poverty and the Conditions of Childhood：Lifecourse and Intergenerational Poverty Transmissions"，*World Development*，Vol. 31，No. 3，2003，pp. 535 – 554.

1989 年联合国出台《儿童权利公约》，明确指出，发展权对儿童而言是一种基本权利，并明确了儿童应享有受教育权、文化权、娱乐权、信息权等多种权利，关于儿童发展权的组成部分不同学者有不同见解，相关学者认定《儿童权利公约》中关于儿童发展权包括"受教育权，休闲、娱乐和文化活动权，基本的自由权，劳动权与劳动保障权"[①]，另有学者将儿童发展权概括为"受教育权、基本自由的保障和参与权"[②] 下文划分依据将立足于《发展权利宣言》中发展权的五大有机组成部分，即"发展权是经济、政治、文化和社会发展等各方面内容的有机统一体。其中，经济发展是发展权的核心和基础，政治发展是发展权的前提。"[③]。将儿童发展权划分为经济、政治、文化、社会和可持续发展权这五项，并结合贫困家庭儿童特点和现状分析贫困家庭儿童平等发展权的现实困境。

一　经济发展权受限

（一）贫困儿童经济发展权内涵

在发展权的法律制度研究中，相关学者认定发展权这一基本人权中的经济发展权立足于社会主体的物质权益享受和占有。具体来说劳动权利和享受劳动果实权利的统一是指以个人为经济发展权的主体，个体积极参与各种可行的经济活动并通过这种活动获取物质回报的权利。[④] 对贫困家庭儿童而言，经济发展权主要分为适龄儿童基于亲权责任人许可下，以增加社会理性，提升个人社会价值为目的自愿自发在有保障的安全环境下进行的适宜劳动。享有劳动发展权利包括贫困

---

　　① 王勇民：《儿童权利保护的国际法研究》，法律出版社 2010 年版，第 181 页。

　　② 王雪梅：《儿童权利论——个初步的比较研究》，社会科学文献出版社 2005 年版，第 146—167 页。

　　③ 汪习根：《法治社会的基本人权——发展权法律制度研究》，中国人民公安大学出版社 2002 年版，第 88 页。

　　④ 汪习根：《法治社会的基本人权——发展权法律制度研究》，中国人民公安大学出版社 2022 版，第 301 页。

家庭儿童普适化拥有的经济发展成果共享权及拥有享受经济发展红利的权利。前者主要指向贫困儿童社会交往能力的提升，通过社会互动，培养儿童社会责任意识和劳动实践积极性；后者主要指向《儿童权利公约》第 27 条第 1 款中"儿童理应享有的足以促进其生理、心理、精神、道德和社会发展的生活水平。"[1]

（二）贫困家庭儿童经济发展权困境

贫困家庭儿童经济发展权的受限可分为现有享受经济发展红利和符合社会发展的生活水平受限及未来可能达到的经济发展权受限。前者受制于国家经济发展水平与福利政策影响，后者受制于"贫困亚文化模式"影响。美国的社会学家奥斯卡·刘易斯（Oscar Lewis）在其著作"*Five Families：Mexican Case Studies in the Culture of Poverty*"中通过观察墨西哥五个家庭的生活提出了"贫困亚文化模式"的初步认知。刘易斯认为，长期处于边缘地位和弱势处境的群体由于阶层固化，鲜有机会向上流动，因此更易形成固定的消极生活方式、不适的行为习惯和固化的价值观念，形成"贫困亚文化"氛围，产生强烈的无助感、无归属感和自卑、敏感等消极观念。这些情绪无力支撑贫困人群依靠自身力量摆脱困境并以家庭亲缘行为影响传递至下一代，进而形成贫困代际传递的恶性循环。[2]

国内学者依据我国国情认为"贫困亚文化"理论对我国贫困文化传递具有一定的解释力。相关学者借助代际收入弹性模型和中位数回归模型，对中国代际收入及代际流通进行了研究。发现我国社会代际收入流动性相对较低，代际收入弹性指数较平稳，代际间继承性明显，社会优势阶层以垄断方式实现利益壁垒和社会资源聚拢式积累，代际马太效应明显，逐渐形成代际收入固化的现象。[3] 同时一些关于

---

① 李超群：《适当生活水准权：当代人的基本权利》，《政法论丛》2015 年第 1 期。

② Oscar Lewis, *Five Families*, *Mexican Case Studies in the Culture of Poverty*, New York: Basic Books, 1975, pp. 19 – 25.

③ 郑炳心：《冲破利益固化的社会各阶层利益分析与对策》，《海南师范大学学报》（社会科学版）2021 年第 5 期。

贫困代际传递的研究与生命历程理论研究均表明儿童早期的弱势地位及贫困现状会产生累积效应，影响后续生命发展阶段，产生相对贫困的个体发展阶段传递。而家庭作为儿童早期阶段的第一主环境，家庭的经济发展往往嵌入于家庭成员尤其是亲子之间的伦理关系中①，家庭内部及外部的隐性化非物质实在的致贫因素与显化物质实在型致贫因素均可导致家庭相对贫困的传递。在家庭内部，家长的家庭贫困文化理论以"贫困作为先致性因素，无法通过后天人力资本的投资而进行改变"作为基本的认识论，影响着家长的人力资本投资观念与家庭资产建设理念，并通过家庭亲缘的信任关系传递至下一代，形成贫困家庭特定的偏离认知与价值观念体系。有实证研究发现，低保家庭的子女辈常受家庭影响产生独有的价值观念、生活方式和消极倾向，对贫困带有无力改变的宿命感。这些人群多在成年后无法正常融入社会主流而被动陷入贫困陷阱无法自拔，其经济发展权在一定程度上在童年期就陷入了困境。

二　文化发展权滞后

（一）贫困儿童文化发展权内涵

文化发展权作为发展权的一项子权利，其核心是"文化发展上的机会均等与成果共享。"汪习根认为文化发展权立足于文化权，重点在发展权，他认为，文化发展权是一项基本人权，这种权利是所有个人及团体都有资格自由参与的，无论是国际还是国内，通过这种参与可以获得享受文化发展的回报。他将文化发展权内涵与价值划分为三个方面，其一强调各发展阶段文化权的共存性与平等资格；其二重视主体发展自身文化的参与权与促进权的统一，强调文化发展机会均等；其三文化发展成果的享受与分享。②

---

① 邓锁：《资产建设与跨代干预：以"儿童发展账户"项目为例》，《社会建设》2018年第6期。

② 汪习根、王信川：《论文化发展权》，《太平洋学报》2007年第12期。

贫困儿童文化发展权可借鉴儿童文化发展权的相关内涵，更多地将其定义为贫困儿童能够平等地接受相关教育并享受文化发展带来的好处，落脚点多定位于机会公平、过程公平与结果公平。其组成部分可划分为贫困儿童教育发展权、贫困儿童游戏权与文化生活发展权、贫困儿童信息知晓与科技发展权。

贫困儿童教育发展权主要指向其受教育权，是贫困儿童获取科学知识、必备技能，掌握关键能力的主要途径，《儿童权利公约》第28条对儿童（包括贫困儿童）的受教育权进行了特别规定，明确指出各缔约国应采取必要措施为儿童提供条件，如完善义务教育准入制度，以保障所有儿童平等享有受教育的机会和权利。

贫困儿童游戏权与文化生活发展权主要表现为贫困儿童理应具备享受与其年龄相宜的游戏及其他闲暇娱乐活动和各项文化艺术活动的权利。《儿童权利公约》第31条对此项权利做出了规定并区分了儿童"休息闲暇权""游戏权"与"文化活动权"[①]。

贫困儿童信息知晓权与科技发展权是聚焦于大数据背景下，贫困儿童所能即时获取到促进其发展的资料信息，国家和社会需通过各种途径为贫困儿童提供快传播、全覆盖、强筛选的信息安全网，保障贫困儿童对于健康信息资料的获取知晓权并加大监督力度，为贫困儿童构建良好的信息环境和正向的网络空间。《儿童权利公约》规定缔约国应鼓励大众传播媒介"传播能够促进儿童精神面貌、自身发展、道德福祉以及身心健康的各种信息和资料"，鼓励"儿童读物的制作和发行"。[②]

（二）贫困家庭儿童文化发展权困境

1. 受教育权受限

相关学者研究表明，家庭特征将直接影响子女受教育程度及其受

---

① 国际人权法教程项目组：《国际人权法教程第二卷（文件集）》，中国政法大学出版社2002年版，第29、31、83页。

② 宋丁博男：《论我国儿童发展权的法律保障》，博士学位论文，武汉大学，2018年。

教育权的行使程度。具体来说，家庭人口特征因素和家庭经济条件因素与贫困家庭子女在学和辍学的决策产生直接关系。[①] 贫困家庭人口特征因素对其子女的受教育权影响可分为家庭受教育程度差层化带来的教育公平差异化、贫困父母受教育权意识对子女受教育程度的线性影响及贫困家庭中子女数量、性别、排行顺序等同辈因素造成的受教育权受限这三方面。第一方面包含父母受教育程度差层化对子女教育公平的影响，如帕克和佩德兹尼（Parker & Pederzini）通过 logit 实证分析表明若贫困家庭中母亲教育水平较高时，女孩受教育机会会多于男孩，子女的教育公平因性别而产生差异化[②]；第二方面聚焦于代际之间教育差层化影响子女受教育权的自主决策程度，即若贫困家庭中父母受教育水平较低，则子女对在学或辍学的自主选择权更大，其实质指向子女受教育权的自主决策性[③]。研究指出，贫困家庭父母的社会地位对贫困家庭儿童受教育权有直接线性影响，贫困家庭通常处于社会边缘处境，社会地位较低，家庭资产收入不稳定，因此贫困家庭儿童常伴随着父母的社会地位而陷入社会无意识身份排斥的困境中，辍学率随之上升[④]。第三方面贫困家庭性别偏向认知与子女数量排序也是造成贫困家庭儿童发展权受限的重要原因，儿童所获得的教育资源与机会会随贫困家庭中子女数量的增加而有所减少，呈现负相关关系。[⑤]

　　贫困家庭经济条件因素对子女受教育权的影响主要以贫困受限链作为贯穿，低收入家庭因家庭总资产、家庭流动可支配资产的不足与预期资产状态的欠增幅化成为商业信贷的掣肘。由此制约贫困家庭的

① 王浩名、岳希明：《贫困家庭子女受教育程度决定因素研究进展》，《经济学动态》2019 年第 11 期。

② Parker, S. & C. Pederzini, *Gender Differences in Education in Mexico*, Washington, D. C.：World Bank, 2000.

③ Brown, P. H., Park A., "Education and Poverty in Rural China", *Economics of Education Review*, Vol. 21, No. 6, 2002, pp. 523 – 541.

④ Loken, K. V., "Family Income and Children's Education: Using the Norwegian Oil Boom as a Natural Experiment", *Labour Economics*, Vol. 17, No. 1, 2010, pp. 118 – 129.

⑤ Black, S. E., eds., "The More the Merrier? The Effect of Family Size and Birth Order on Children's Education", *Quarterly Journal of Economics*, Vol. 120, No. 2, 2005, pp. 669 – 700.

教育未来消费及教育支出承担能力，形成功利化教育回报观或消极教育发展观，进一步限制贫困家庭儿童受教育权的享有，演变成互通循环的贫困受限链。在此关联体系运作中，由于教育的长久不可预期性回报特质促使贫困家庭父母的教育投资理念也各不相同，进而衍生出家庭资产决策行为下贫困家庭儿童受教育权的差异化，如有些贫困家庭为缩短教育回报期限，获得短期收益，往往会选择中止其子女的受普通教育机会并转为职业培养训练，使子女能够尽快投入劳动力市场以回馈家庭劳动力资本收入，减轻家庭开支压力。这种选择方式很大程度上阻碍了市场人力资本发展和儿童未来良性发展，从而使贫困家庭子女劳动力市场地位低下，陷入"低教育—低收入—消极固化观念—低教育—低收入……"的恶性循环圈中，其受教育权在整条演变链中无法得到有效的保障，由此陷入受限困境。[①]

2. 儿童游戏权两极化与文化活动权不足

贫困家庭儿童游戏权较为极端化，即部分儿童由于社会无意识的排异感和弱势群体带有的社会陌生感导致其深陷网络世界无法自拔，将大量时间花费于虚拟网络环境中以寻求自我认同和偏离的自我归属感；另一部分贫困家庭儿童尤其是农村贫困留守儿童，受制于二元城乡户籍壁垒，家庭中的青壮年劳动力进城务工以获取家庭运转资本，而老人与幼儿则在户籍所在地生活。这种拆分式的家庭再生产模式使儿童成为家庭结构肢解化承受者，祖父母或外祖父母被迫成为"代理父母"。[②] 儿童过早承担起家庭责任，无过多空余闲暇时间从事相关娱乐活动，其游戏权和文化活动权被削减。

3. 信息知晓权缺位

贫困家庭儿童受制于家庭经济条件的制约，其信息知晓权陷入缺

---

① Shofq, M. N., "Household Schooling and Child Labor Decisions in Rural Bangladesh", *Journal of Asian Economics*, Vol. 18, No. 6, 2007, pp. 946 – 966.

② 胡慧：《我国农村隔代养育的承担者及发展趋势研究》，《重庆工商大学学报》（社会科学版）2022 年第 1 期。

位，具体表现为文化信息共享获取渠道的窄化与人际关系网固化的正相关关系及公共信息资源供给不足。前者限于光缆网络信息基础建设覆盖条件的不足及贫困群体信息需求关注不够，使贫困家庭儿童获取信息的渠道过于单一，大多为电视、手机等。信息渠道不畅通，获取的信息滞后且准确性差，信息失真现象严重。尽管大数据时代贫困家庭儿童所能获取的网络信息量较之前已有所增加，但由于贫困家长信息素养及信息意识薄弱，更无力培养子女信息分辨及筛选能力，往往使贫困家庭儿童缺乏识别能力和内心定力，陷入信息获取不足与有效信息知晓不清的信息贫困双重困境。

后者主要关注到社会信息建设方面，农村贫困留守儿童相比于城市贫困家庭儿童所接触到移动终端设备的机会匮乏、享有的公共资源信息获取渠道狭窄且落后，随"后撤并时期"农村撤点并校的建设，大多贫困留守儿童居住地远离中心学校，上学距离拉长，享有便捷的图书资源情况不容乐观。同时相关调查研究也显示，农村公共图书馆、学校图书室及农家书屋不仅数量少，部分还处于半停摆状态[1]，有些开放的图书馆其藏书比例远远低于教育部门规定标准，书籍内容陈旧，极少更新换代、书籍种类较少，可供学生阅读的书目匮乏，质量数量均不达标。上述二者共同导致贫困家庭儿童信息发展权的缺位和信息贫困的衍生。

三　社会发展权弱化

（一）贫困家庭儿童社会发展权内涵

儿童的社会发展权指"儿童应充分享有因社会发展而产生的医疗卫生，劳动保健等方面的权利"[2]，《儿童权利公约》第 26 条明确规

---

① 李忠香：《对农村中小学校图书资源不足的对策思考》，《农业图书情报学刊》2010年第 2 期。

② 汪习根：《法治社会的基本人权——发展权法律制度研究》，中国人民公安大学出版社 2002 年版，第 90 页。

定了儿童的这种权益，指出缔约国有义务使得儿童从社保体系中受益，即全体儿童享受自身发展不被侵占的受保护权利。对于贫困家庭儿童而言，社会发展权是指国家通过社会救助、法律制度、社会服务等儿童保护政策满足他们最低生存需求与持续发展的权利，主要包括贫困儿童劳动保障权与社会保障权。其中社会保障权又可以分为社会救助权、社会保险权、社会福利权和社会优抚权四项权利内容。由于劳动保障权与贫困儿童经济发展权直接挂钩，社会保障权中前三者与儿童社会发展权紧密相连，因此贫困儿童社会发展权将着重于社会救助权、社会保险权、社会福利权这三大权益保障。

贫困儿童社会救助权指向对象为贫困家庭的儿童及其他因意外而陷入困境的社会脆弱群体，国家以"托底线、救急难、可持续"的指导思想为家庭全部资产收入无法达到国家最低生活保障线的贫困家庭儿童提供必备的生存需求保障，这一保障以贫困儿童生存权为基本，以发展权为目标，是一种兜底性、补助式的保障救助。[①]

贫困儿童社会保险权主要包括贫困儿童大病医疗卫生保险与国家为特殊困境群体建立的城乡医疗救助制度等与儿童生存发展息息相关的救助制度，《儿童权利宣言》指出，儿童有权"得到足够的医疗服务"，"应当适时适当地照顾、治疗身心遇到问题及处于社会不利地位的儿童，并使他们接受教育"，"对无家可归和生活困难的儿童给予以特殊照顾，是社会和公共事务当局的应有之责。最为恰当的措施是，通过引入外部援助——包括政府援助和其他社会援助来维持家庭人口众多儿童的正常生活。"[②] 这些原则为贫困儿童社会发展权的保障提供了法律依据。社会福利权落脚于国家福利保障，通常指社会成员所享有的国家在其经济发展能力上为其提供的各种福利政策。

---

① 马良、郭玉飞：《儿童保护政策与留守儿童社会支持系统——对贵州毕节留守儿童自杀事件的反思》，《青少年研究与实践》2015 年第 4 期。

② 宋丁博男：《论我国儿童发展权的法律保障》，博士学位论文，武汉大学，2018 年。

（二）贫困家庭儿童的社会发展权困境

1. 贫困儿童社会救助权有差异

贫困儿童所享有的兜底性基本生存保障补助常常由所在地政府及其分管的社区相关部门进行统筹发放。在这一过程中，易存在先期型遗传贫困与后期型事故致贫之间的统计差，即部分民事部门及监管部门在对贫困家庭进行初期调研建档立卡后并未长期跟踪调查，也未深入一线更新贫困人口数据。同时由于权力下放和实施，也存在为骗保而捏造的不实数据，从而形成"补助家庭行有余力，贫困家庭无人问津的状况"。"最后一公里"的救助保障反而成为相关部门暗箱操作、卖弄权术收取回扣的敛财政策，导致贫困儿童社会救助权遭受侵害。

2. 贫困儿童社会保险权受抑制

我国现有的社会医疗救助保障体系中，各大公立综合性医院、专科医院及社区卫生所等承担主要的医疗服务责任，国家以社保报销形式承担着相应的兜底保障责任。但受制于经济发展能力，国家医保覆盖人群仍有所限制。对涵盖在报销标准内的特大重病进行优惠补贴，但对其他常规性疾病及其他未纳入标准内的特大疾病则不予报销；同时现有医疗保障体系内，并没有严格意义上的专属贫困儿童甚至是儿童的医疗保险优惠制度，大多附带在现行的医疗保障政策中依附其监护人而存在。以上两大弊病使贫困家庭儿童成为儿童医疗优惠对象的盲点，贫困家庭既无经济条件享有正常医疗保障，又无向孤残类、重病类等特殊困境儿童倾斜的医疗优惠，大部分贫困家庭儿童面临"难看病、看病难"的现象，其社会保险权受到侵害。

四　可持续发展能力不足

（一）贫困儿童可持续发展权内涵

1980 年《世界保护战略：为可持续发展保护生物资源》首次使用了"可持续发展"一词，2015 年联合国通过《变革我们的世界：2030 年可持续发展议程》指出"应重点关注最贫穷、最脆弱和落在最后面的人"。① 自此之后人权与可持续发展权逐渐完成对接走向耦合，最终超越环境和经济发展的二元模式，形成人权体系下的可持续发展观②。从宏观来看，可持续发展权包含发展权的政治、经济、文化等各方面，如促进再生性资产获得、经济可持续发展权下消除贫困，文化可持续发展权下终身教育的应运而生……从微观来看，可持续发展权又包含人身心发展的全部组成部分，如天赋潜能、个性气质等。

贫困儿童可持续发展权主要聚焦于儿童天赋潜能的发掘与保障、个体独特性的培养与发展。《儿童权利公约》第6条规定，协调发展儿童的个性应当是每个儿童都有权享有的，因此尊重并保障贫困儿童的可持续发展权是促进儿童健康发展的重要方面。

（二）贫困家庭儿童可持续发展权困境

贫困家庭儿童特别是农村地区贫困留守儿童，随撤点并校、中心学校的建设，涌现一批因上学距离增加而试图辍学的儿童。在这种情况下，接受义务教育阶段基本学校教育都难以得到保障，更不必说发展音体美等艺术特长、发掘学生天赋才能及个性潜质。尽管部分学生的潜能初露苗头，但贫困家庭家长的不重视及艺术素养缺失，都使其无力为子女提供相应指导，也较少有贫困家庭为子女购买替代性服务进行艺术辅导。大多家庭秉持着功利主义教育理念和"读书为重，兴趣次之"的传统观念，其子女的天赋个性往往被磨灭和轻视。

第三节　共同富裕保障贫困儿童
平等发展权

印度经济学家阿玛蒂亚·森（Amartya Sen）通过分析贫困与不平

---

① 宋丁博男：《论我国儿童发展权的法律保障》，博士学位论文，武汉大学，2018年。
② 马忠法、陈红艳：《可持续发展与人权的时空耦合及动态演进——兼论中国消除贫困和其国际法意义》，《河北法学》2022年第1期。

等的多维成因，提出了反贫战略新思路，即认为贫困与可行能力间存在一定的相关联系，并倡导旨在通过"能力方法"（Capa-bility Approach，CA）打破贫困的代际循环。阿玛蒂亚·森的观点是，贫困的原因是贫困人口缺乏享受正常生活的能力，尤其是缺乏收入能力。贫困的含义包括两个方面，一是因个人窘困的经济贫困状态，二是因外部条件的制约，导致个人发展机会缺失，也可以说贫困人口丧失了自由选择的权利。市场竞争中赢家通吃的原则，使得处于竞争弱势地位的人总会由于信息垄断、信息鸿沟、市场失灵等原因而遭受损害，从而产生了贫困。正因为如此，贫困人口的经济权利更需要法律保驾护航。一方面发展完善现有扶贫法制体系；另一方面提升贫困人口利用法律的能力，才能合理配置资源，助力脱贫攻坚。"共同富裕"的提出不仅保障贫困群众平等的生存发展权，也促进了扶贫法治理论体系的深入发展。习近平总书记指出："治贫先治愚，扶贫先扶智。教育是阻断贫困代际传递的治本之策。"① 教育法治和扶贫法治无疑是社会治理体系的重要构成。②

　　贫困代际传递是当前精准扶贫行动所面临的重要挑战，在传统社会福利政策与服务体系中，面向成年人以及儿童的福利服务传递常常是分离的。③ 反贫困措施多针对成年人，强调培训、就业技能、补贴等助力发展，很少关注儿童的需求以及贫困对象作为父母的角色；与此同时，儿童相关的反贫困措施则倾向于提供儿童的健康、营养及教育等支持，却很少能够协助父母及整个家庭摆脱贫困。近年来，"跨代干预"取向在西方社会福利政策与服务体系中日益获得重视，在学前儿童干预、单亲家庭服务以及青少年职业发展等领域得到日益广泛运用。研究者指出，面向贫困家庭的服务项目应当同时关注父代和子

---

　　① 中共中央党史和文献研究院编：《十八大以来重要文献选编》（下），中央文献出版社 2018 年版，第 42 页。

　　② 陈柏峰：《习近平法治思想中的法治社会理论研究》，《法学》2021 年第 4 期。

　　③ 邓锁：《资产建设与跨代干预：以"儿童发展账户"项目为例》，《社会建设》2018 年第 6 期。

代的能力提升，将整个家庭尤其是两代的相互影响机制作为干预的重心，促进具有良性循环的、积极的家庭发展。实现"将扶贫开发与促进经济社会发展以及完善社会保障机制相结合"是必由之路。有学者开始探讨"资产建设与跨代干预的结合"对于反贫困及基层儿童福利服务体系的发展有积极启示，促进了贫困儿童及家庭的发展。美国、韩国、新加坡等国开展以"儿童发展账户"为主要形式的资产建设达成代际贫困的改善社会政策实践，为我国精准扶贫提供了新的可行的思路。[1]

为了打破贫困的代际循环，发达国家应对相对贫困问题的趋势是建立"以资产为基础"的社会政策，为儿童建立个人发展账户，用长期资产建设来弥补短期经济扶持的不足。世界各国依据本国国情纷纷创设特色化资产政策，美国、新加坡、英国、韩国陆续实施了儿童发展账户政策，以政府存款激励、专项政策倾斜并通过多种存款方式助力贫困家庭的资产积累与其子女的人力资本物化，产生一定的福利效应。我国也应逐步建立"以资产为基础"的教育扶贫政策，尝试在深度贫困地区进行试点，探索建设多元主体参与，多条路径并进，多种资源整合的贫困儿童发展新平台。[2]

一 赋权增能视角下资产扶贫新模式建设

20 世纪 70 年代美国学者巴巴拉·所罗门（Barbara Solomon）提出赋权理论，在社会工作和女性主义运动研究领域应用十分广泛。由于在该理论指导下的实践模式的可行性、建设性较强，其研究的对象也逐渐扩大，尤其是后来相关学者将赋权与增能有机结合形成了赋权

---

① 邓锁：《资产建设与跨代干预：以"儿童发展账户"项目为例》，《社会建设》2018年第 6 期；方舒、苏苗苗：《家庭资产建设与儿童福利发展：研究回顾与本土启示》，《华东理工大学学报》（社会科学版）2019 年第 2 期；何芳：《儿童发展账户：新加坡、英国与韩国的实践与经验——兼谈对我国教育扶贫政策转型的启示》，《比较教育研究》2020 年第 10 期。

② 何芳：《儿童发展账户：新加坡、英国与韩国的实践与经验——兼谈对我国教育扶贫政策转型的启示》，《比较教育研究》2020 年第 10 期。

增能理论，广泛应用在社会工作领域。国内学者对赋权增能理论产生了多样化的解读，由此使赋权增能形成了一个宽泛式多维度的概念体系和理论层次[①]。尽管学者们对于赋权的界定各不相同，但在赋权理论假设、赋权责任主体和对象主体及赋权效应效果上大致相同，一是均假设个人或社会不公平问题的产生来源为权力的不对等和失真；二是认为国家和政府理应承担起赋权过程中的相关责任，如国家应以实体法加以保障，政府应依据法律政策切实采取相关措施加以落实，同时认同赋权对象主体的特殊性，即将赋权对象指向无权、弱权、失权的弱势群体[②]；三是认为赋权增能过程是一个动态化演变的过程，通过一定权力的赋予与给定激发权能意识，改变弱势群体的无力感，增强主体能动性以实现目标和愿景。与之相关，阿马蒂亚·森（Amartya Sen）提出"权利贫困"概念，认为"贫困的实质源于权利贫困"，解决饥荒的不平等应从给予贫困人口基本权利出发。因此从赋权增能视角出发，将这一权利体系由具体应用于饥荒分析转为一般性贫困分析，提出赋权增能视角下资产扶贫建设的新模式开发，将当前以先验、津贴补助为导向的"补缺型"扶贫模式转为赋权增能导向的"发展型"扶贫模式。

（一）资产社会政策反贫理念与儿童发展账户机制建设

原有的反贫困措施及其对应的社会福利政策与服务体系虽获得了一定的减贫成效，但大多均将儿童与成人放置于被动位置，将面向成年人以及儿童的福利服务传递分离，[③] 并多以先验性的、以津贴补助为导向的"补缺型"福利政策为主。前者将减贫受益主体与福利政策对象狭义化，仅针对成年人或整个家庭进行津贴补助式扶贫，将儿童

① 田欣影、戴聚坤、张丽：《赋权视角下的儿童权利保护——基于20世纪以来国际性政策文本的分析》，《南昌航空大学学报》（社会科学版）2015年第2期。

② 王义：《"赋权增能"：社会组织成长路径的逻辑解析》，《行政论坛》2016年第6期。

③ 邓锁：《资产建设与跨代干预：以"儿童发展账户"项目为例》，《社会建设》2018年第6期。

位于附带式扶贫的被动位置，较少关注儿童的实际需求，同时少有的面向儿童相关的反贫困措施则倾向于提供儿童的健康、营养及教育等支持，也难以关注到如何转变父母与子女间贫困的代际传递；后者主要体现为仅仅将社会救助途径等同于物质补贴，以维持基本生活需求作为扶贫理念展开的短期性和暂时性的社会补助。这两种取向均使得当前的精准扶贫行动面临一定挑战。

西方发达福利社会的社会保障和福利体系近年来有明显的"跨代干预"倾向，主要体现在快速普及学前教育、支持单亲儿童发展和职业教育发展等方面。在这种倾向下，新型的贫困家庭支持系统既关注父母的收入、教育能力提升，也关注儿童的平等发展权利，特别关注两代人发展能力的相互作用，以促进贫困家庭形成具有良性循环的、积极的家庭发展为目的。实现"将扶贫开发与促进经济社会发展以及完善社会保障机制相结合"是必由之路。基于此，有研究者提出以资产建设为导向的"发展式"扶贫，提出运用儿童发展账户机制实施跨代干预，对于反贫困及基层儿童福利服务体系的发展有积极启示，促进了贫困儿童及家庭的发展。①

20 世纪后期兴起的资产社会政策理念对传统福利政策提出批判，1991 年，美国经济学家迈克尔·谢若登（Michael Sherraden）发表《资产与穷人：一项新的美国福利政策》。与社会政策传统思路"收入基础"不同，在书中他首次阐述了"以资产为基础"的概念，创新性地指出资产贫困是超过收入贫困的主要贫困元凶。他认为"作为比较稳定的资源聚合，资产能为贫困家庭带来独立于工作报酬以外的稳定收入，提升贫困家庭对贫困风险的缓冲能力，提升其对未来发展预期的积极程度"。先前的社会福利政策仅以收入补贴进行干预，这

---

① 邓锁：《资产建设与跨代干预：以"儿童发展账户"项目为例》，《社会建设》2018年第 6 期；方舒、苏苗苗：《家庭资产建设与儿童福利发展：研究回顾与本土启示》，《华东理工大学学报》（社会科学版）2019 年第 2 期；何芳：《儿童发展账户：新加坡、英国与韩国的实践与经验——兼谈对我国教育扶贫政策转型的启示》，《比较教育研究》2020 年第 10 期。

种政策的基本假定是致贫因素并非是再分配不公平而是由于资源供应量不足导致的。[①] 因此政府多通过发放生活补助来满足贫困者最低生活需求，但实质上并未改变贫困代际传递的趋势，因此资产建设理论强调通过各种制度性的干预来消除不平等的资产占有现状，通过"个人发展账户""儿童发展账户""累进性的税收返还"等措施，积极助力贫困家庭实现资产积累，从而获得长期稳定的社会支持。[②]

（二）资产扶贫路径设想下家庭跨代干预正向福利影响

"儿童发展账户"项目体现了以合作生产为特点的发展性社会服务模式，通过发展账户设置实现多元福利主体参与的社会服务整合，帮助和鼓励家庭为贫困儿童教育培训、长期发展和生命历程中的重要需求积累经济和金融的资产财富。资产积累和持有的过程不仅会帮助贫困儿童和其家庭其他成员树立正向的期望和信心，改善亲子互动，同时也可以对家长间接性进行金融知识教育，转变预防性储蓄的观念和行为，达到跨代干预的目的。该机制核心在于通过发展账户的实施为贫困儿童和他们的家庭为儿童的未来而努力和资产积累，在政府配套经费的支持下，对未来的儿童发展提供目标和希望，通过"扶智"实现"扶志"，这也是困境儿童发展权实现的重要体现。学者邓锁，将"儿童发展账户"项目的关键词定位在"资产建设""跨代干预""经济赋能""合作生产"。[③] 这一理念与我国乡村振兴下教育精准扶贫理念相契合，改变以往经济主导逻辑的大范围无差别扶贫，转为精准指向单一细化群体，提升精准识贫和精准扶贫能力，将整体规划和差异扶贫相结合，让扶贫既发挥社会效益，也发挥经济效益，以贫困儿童、贫困家庭、贫困地区的三路联通扶贫行动路径共同促进共同富

---

① 王巍、刘钥：《我国教育救助中儿童发展账户建设研究——基于韩国的启示》，《现代交际》2021 年第 21 期。

② ［美］迈克尔·谢若登：《资产与穷人：一项新的美国福利政策》，高鉴国译，商务印书馆 2005 年版，第 111 页。

③ 邓锁：《资产建设与跨代干预：以"儿童发展账户"项目为例》，《社会建设》2018 年第 6 期。

裕乡村振兴的落实。

"儿童发展账户"项目作为实现其他发展行目标的途径，主要通过为贫困儿童及其家庭提供资产积累的机会，以项目设计带动代际互动及家庭投入。具体来说，"儿童发展账户"的模型构想中需要家庭自行设计个性化的投资方案，因此家庭成员不仅需要进行储蓄以及理财相关的金融知识教育，同时也要参与个人及家庭发展规划、儿童生涯规划等相关社会服务讲座或课程的学习。在此过程中家庭成员通过金融知识学习与实际操作提升金融能力，促进家庭的经济赋能，同时为共同协商资金的投入与使用情况又能增加代际之间见面或远程沟通的机会，间接促进了亲子沟通及亲子关系的正向发展。

有学者将家庭资产建设与跨代干预政策相结合进行了实验，结果显示，亲子沟通不足是困难家庭的代表性问题之一。留守儿童拆分式的家庭生产模式，父母的长时间外出或残疾家庭父母无可行能力和时间对子女进行学业辅导和身心关怀，这导致留守儿童及残障家庭儿童等困境儿童相较于其他同龄儿童来说，更容易出现辍学、厌学、学习困难等情况，严重影响儿童成长发展。不难看出，儿童受到家长关注的程度以及家庭良性互动的情况，对儿童成长发展具有十分重要的影响。以此为前提，帮助贫困个体及家庭累积资产，通过这种正向福利效应，既满足福利对象收入和消费平衡也突出体现扶贫的可持续性，着眼于扶贫对象的长期发展。受到这种理念的影响，许多国家开始推行或试推行"儿童发展账户"干预模式。研究发现，"儿童发展账户"机制能够为儿童及其家庭带来正向积极影响，包括教育分化的降低、儿童社会情感发展及家庭教育期望的提升等。[1]

"儿童发展账户"的运行过程促使家长关注对儿童未来教育和发

---

[1] Huang, Jin, eds., "Material Hardship and Children's Social-emotional Development: Testing Mitigating Effects of Child Development Accounts in a Randomized Experiment", *Child: Care, Health and Development*, Vol. 43, No. 1, 2017, pp. 89 – 96.

展进行储蓄，这种面向整个家庭的干预手段是"儿童发展账户"金融账户属性之外的又一特点。这一过程也并非仅仅是储蓄的过程，而是一种"发展性的储蓄"，一方面这种储蓄能够帮助贫困儿童应对未来可能的变故和经济困境，另一方面，子女参与、家长参加、政府指导有机结合，使得储蓄与家庭发展目标联系更加紧密。通过对储蓄限制用途划定目标，"儿童发展账户"对儿童和整个家庭的未来预期都有正向作用。对于许多贫困家庭来说，家庭整体奋斗目标中最重要的是斩断贫困代际传递链，儿童发展账户的设立以未来性资产投资和预防性储蓄积累双重形式使得家庭生计脱贫有了更清晰的定位和更加切实的努力方向。

二　乡村振兴背景下教育扶贫新路径探索

教育要从基本公平走向优质公平。在全国教育大会上，习近平总书记明确指出，"我们要坚持我国教育现代化的社会主义方向，坚持教育公益性原则，把教育公平作为国家基本教育政策，大力推进教育体制改革创新"。2021 年两会期间，习近平总书记在看望医药卫生界、教育界委员时再次强调，"办好人民满意的教育，要坚持教育的公益性原则"。"以人民为中心发展教育"，须坚持教育的公益性原则，防止市场逻辑和资本运作对教育的侵蚀，让全体人民都能平等共享教育发展的成果，包括平等的教育机会、平等择校、平等获取知识、平等使用教育设施、平等参与教育评价，不因出身、地位、财富不同而有损这种平等。[1] 着力缩小地区间、城乡间、学校间的教育差距，鼓励多样化、特色化办学，努力让每个老百姓都拥有一所"家门口的好学校"。随着脱贫攻坚工作的稳步推进，我国在 2020 年已全部摘除绝对贫困的帽子，绝对贫困问题虽有所缓解，但转变后的相对贫困问题仍然存在。习近平总书记指出："治贫先治愚，扶贫先扶智。

教育是阻断贫困代际传递的治本之策。"① 教育法治和扶贫法治无疑是社会治理体系的重要构成。② 乡村振兴与农村教育扶贫有着极高的耦合度，因此教育扶贫逐步成为乡村振兴的重要保障途径和实践路径。实现农村教育扶贫与乡村振兴的精准对接，是新时代乡村建设发展的必由之路。③

我国农村贫困家庭学生、留守儿童和城市流动儿童是教育扶贫的重点对象。为助力贫困儿童顺利完成义务教育，国家大力推进标准化义务教育学校建设，提升农村学校办学水平、进一步落实"两免一补"、为有需求的学校配备校车、对贫困学生家庭发放补助金。在新时期，《中华人民共和国经济和社会发展第十四个五年规划和2035年远景目标纲要》（以下简称"十四五"规划）对教育扶贫提出了新要求，针对教育扶贫的重点对象和政策目标都做出了新规划。"十四五"规划提出，推进学前教育普惠安全优质发展，提升学前教育保障机制；进一步推进义务教育优质均衡发展加快缩小城乡地区差距；对义务教育阶段后的非学龄教育贫困人口——特别是初中毕业即辍学、无技能和低技能的青少年加大关怀，大力提升县域普通高中办学质量。除此之外，借力资产基础，为贫困儿童进行长期资产规划，提升留守儿童长期自我发展能力，也是彻底打破贫困代际循环的重要途径。④

（一）消除经济贫困：调整线性化教育扶贫模式，创建多元主体联通支持系统

对我国而言，现阶教育扶贫应调整单程化线性教育扶贫模式，凝聚多方力量形成合力，让政府、家庭和社会力量有序参与贫困儿童抚养。一是确立政府主导原则，政府内各有关部门有机协调，也可设立

---

① 中共中央党史和文献研究院编：《十八大以来重要文献选编》（下），中央文献出版社2018年版，第42页。
② 陈柏峰：《习近平法治思想中的法治社会理论研究》，《法学》2021年第4期。
③ 高毅梅：《乡村振兴与农村教育扶贫的耦合》，《农业与技术》2022年第7期。
④ 何芳：《儿童发展账户：新加坡、英国与韩国的实践与经验——兼谈对我国教育扶贫政策转型的启示》，《比较教育研究》2020年第10期。

专门机构进行儿童发展账户的统计、开户、运营等工作；二是政府牵头成立儿童发展账户专项基金，鼓励社会力量参与，聘请专业人员运营；三是充分发挥家长和其他社会力量的积极性，开展各种公益、半公益活动，为留守儿童发展基金使用提供监督和建议。同时也可建立以政府为主要牵头人，联合爱心民间组织、高校科研团队等，建立"贫困儿童家庭早期干预中心"，从源头把控，通过信息化建档立卡及时掌握贫困儿童家庭异变倾向数据，从源头预防儿童跌入贫困陷阱，以先入性理念重点对贫困儿童父母进行早期干预。①

（二）摆脱精神贫困：革新传统化教育扶贫内容，助力贫困儿童自我意识觉醒

"优势视角"是美国查尔斯·拉普（Charles Lapow）教授及其团队于20世纪90年代所提出，在这一框架下，既有研究范式的转变，将研究关注点从主体自身的生理、心理问题，转向关注主体所在的自然环境和社会环境中；同时也实现了研究模式的转变，是对传统问题视角的颠覆和对缺陷模式的反思。② 优势视角着眼于人内在力量的挖掘与激发，该视角强调每个自然人均具有独特的、个性化的和不可替代性的自身潜能、天赋和优势。社会工作的重点即挖掘主体的自身优势并善于利用周围资源，个体在受到社会工作或活动协助的过程中，逐渐意识到自身的潜能和潜在价值，逐渐挣脱逆境和挫折，能够正视挫折，重建积极的生活观念，最终实现个体的目标和愿望。③ 优势视角框架也正是由优势、赋权、成员资格、悬置怀疑、抗逆力等部分构成。④

对于贫困儿童而言，社会处境弱势易导致朋辈群体产生无意识的

---

① 杨晨晨、刘云艳：《早期儿童多维贫困测度及致贫机理分析——基于重庆市武陵山区的实证研究》，《内蒙古社会科学》（汉文版）2019年第3期。
② 黄红：《从优势视角审视思想政治工作的心理疏导》，《成人教育》2011年第10期。
③ 房圆圆：《论优势视角理论在社区矫正中的应用》，《齐齐哈尔大学学报》（哲学社会科学版）2016年第8期。
④ 杨小军、程威：《优势视角下社会工作介入大学生劳动教育的路径探究》，《湖南人文科技学院学报》2020年第5期。

社会排斥并形成标签化印记，在这种问题导向下贫困儿童逐渐受周围环境影响形成"蚕食效应"，造成自我认同的质疑与摇摆，自我意识逐渐淡漠，形成自卑、孤独、失落、自我否定等负面情绪。自我认同及自身角色积极性不足使得贫困儿童在人际关系层面表现出一定程度上的社会化问题。学校作为促进儿童社会化的主要场所之一，学校应正确对待贫困儿童心理健康的问题，基于优势视角开展贫困学生抗逆力训练，提升面对压力和困境时表现出来的应对能力，增强贫困儿童的学习自信心和朋辈支持。[1]

（三）改善能力贫困：转变补救型教育扶贫理念，开展家庭教育指导服务

贝克尔和汤姆斯（Becker, G. S., & Tomes, N.）指出，父母对儿童发展的两类基本投资分别是父母的时间和资金，二者都是贫困家庭父母所缺乏的。一方面，贫困家庭的资金缺乏，对儿童的衣食住行等方面的支出全面落后于其他儿童。另一方面，贫困儿童家庭父母自身受教育经历往往缺乏，对儿童的亲职胜任力较低，难以对其子女在教育方面产生足够积极影响。除此之外，贫困儿童家庭父母由于时薪低，往往被迫增加工作时长，使得亲子间互动时间大大减少，进一步加剧了贫困儿童家庭教育环境的不利地位，制约了其持续发展的能力。在时间和资金直接影响之外，家庭压力也是贫困儿童正常成长的又一桎梏，这种压力主要来源于家庭经济情况的脆弱性和家庭关系的破裂风险。面对以上困境，贫困儿童极易受到来自父母的负面情绪传导，许多儿童在受到无故责备后，由于其处于服从与惩罚的道德定向阶段，往往会在自己身上寻找错误原因，极易诱发儿童产生抑郁倾向。这一处境不仅影响儿童正常发展，甚至危害身心健康。贫困文化理论认为，在家庭外部因素中，由于长期的贫困生活经历，

---

[1] 史柏年、王思斌：《社会工作实务中级》，中国社会出版社 2012 年版，第 7—8 页；房圆圆：《论优势视角理论在社区矫正中的应用》，《齐齐哈尔大学学报》（哲学社会科学版）2016 年第 8 期。

贫困家庭往往会形成独特的价值观和方法论体系，这种世界观方法论不利于贫困儿童成长发展，但贫困儿童由于对原生家庭的依赖关系，往往受到不利影响，形成错误的世界观和方法论，导致贫困观念的传递。[1]

　　根据上述分析不难看出，对贫困儿童家庭教育进行兜底干预，弥补传统家庭教育中家长早期教育的缺失与偏差，提升早期家庭教育的水平，是有效阻断贫困代际传递、提升贫困儿童自我发展能力和摆脱自身贫困能力的有力举措。这种早期家庭教育可以通过政府主导的家庭教育替代服务进行，通过对家庭教育进行指导和干预，为未成年人提供基本的家庭教育，缩小家庭教育领域的差距。

---

　　[1] Becker, G. S., Tomes, "An Equilibrium Theory of the Distribution of Income and Inter-generational Mobility", *Journal of Political Economy*, Vol. 87, No. 6, 1979, pp. 1153 – 1189.

第五章　监护监督与家庭监护缺失儿童平等发展权的保障

第一节　监护监督

未成年人监护监督制度的设立目的在于保障未成年人人身财产安全和其他合法权益免于遭受监护人的侵害，防止出现监护人滥用监护权的不法情形，将儿童利益最大化精神和原则贯彻落实，在未成年人保护社会化理念的指引下，设立完善未成年人监护监督制度。当前，《未成年人保护法》和《民法典》中有关监护监督制度尚未实现系统化。我国目前法律中对于"监护监督"还没有形成统一明确的概念，对于监护监督的重要性缺乏认识，所以导致长久以来监护监督制度一直难以系统化。受我国长期以来的文化影响，未成年人监护一直以亲权本位思想为主导，强调父母与未成年人之间的骨肉亲情、伦理道德。因此，我国未成年人监督监护在制度层面和理论层面起步均较晚。随着现实生活中未成年人遭受侵害事件频出，譬如震惊全国的南京女童饿死惨案，受害女童被监护人独自留在家中，最终饿死在家中；石家庄女婴坠楼案中受害女婴的监护人任由仅五个月大的女婴坠下高楼，并且拒绝对受害女婴进行救治；以及滥用监护职权，在监护中多次性侵自己的亲生女儿等。近几年来类似惨案只是众多监护失职事件中的冰山一角，我国监护监督制度缺位和亟须完善问题由此凸显出来。

一　监护监督的概念

未成年人监护监督制度施行的基础在于围绕"保障未成年人监护职责顺利进行"。监护监督的概念是指由担负监护监督职权和责任的国家机关、社会组织或个人对监护人的监护行为进行监督和考察，从而保障未成年人的人身、财产和其他合法权益不受侵犯的一项法律制度。① 监护监督是国家为保障未成年人监护职责顺利进行所开展的公权干预，监护监督包括三个维度，分别是事前监督、事中监督和事后监督。事前监督一方面可以及时发现监护缺失现象，当家庭出现监护缺位国家监护补位能够顺利启动；另一方面事前监督能准确了解监护能力和意愿。近年来社会中当父母监护缺位时，同一顺位监护人之间相互推诿、互推监护人职责的现象比较普遍，事前进行监护监督可以较有针对性地关注监护行为，防止未成年人遭受监护侵害。事中监督能够及时发现和纠正监护失职和监护侵害现象，很多恶性监护侵害事件都是在产生了极其严重且不可逆转的后果之后才被人们所发现，若能在监护过程中及时发现和纠正问题，能够有效制止监护侵害等恶性事件的扩大，但是我国当前法律中有关事中监督方面几乎是空白的。国家在未成年人监护监督中起着兜底的作用，是保障未成年人合法权益的最后一道防线，事后监督能够帮助遭受监护侵害的未成年人得到全面救济。基于此，监护监督的概念除了上述传统意义的概念，还应包括监护人选人、监护失职考察、监护失职的事后救济等内容。

二　监护监督的分类

监护监督按照不同的分类标准有不同的形式，其一依据监督主体的不同进行划分可以分为一般监督、指定监督和公权力监督。一般监督是指当特殊公众发现未成年人遭受监护侵害或虐待等现象时向有关

---

① 丁慧洁、徐丽春：《未成年人监护监督考察制度中检察机关的地位与作用》，《青少年犯罪问题》2021 年第 1 期。

部门检举的一种监督方式，如教师、医生等职业从业者有义务对监护侵害、虐待行为进行检举。指定监督则是指定某一个人作为监护监督人，赋予他一定的特权，必要的时候直接介入到未成年人和他监护人的家庭中，对监护人的监护行为进行直接、长效的监督，同时及时上报监护失职和监护侵害行为。公权力监督是指由司法机关和行政机关担任专门的监护监督机关。其二依据监督效果作为划分标准可以分为预防性监督和救济性监督。预防性监督可以有效防止监护人滥用监护权，将监护侵害行为扼杀在摇篮中；救济性监督则是当监护侵害发生后，相关主体才会介入到监护侵害事件中，对监护侵害造成的重大过错进行补救措施。

三　监护监督的价值功能

1959 年颁布的《儿童权利宣言》作为第一个国际文件明确指出儿童利益最大化，1999 年颁布的《消除对妇女一切形式歧视公约》进一步强化儿童利益最大化理念。世界各国都在为提高妇女和儿童权利而努力。监护监督是国家对未成年人各个方面的合法权益进行保护的前提，且监护人的监护行为必须受到约束和管制，监护行为需受到第三方的介入管理。监护监督从其价值和功能角度来看，其立足于国家公权力介入，是发挥国家责任的表现。监护监督内容也不仅仅局限于传统观念，在监护监督内容上也做出了延伸，对于未成年人监护过程进行监督，从监护人选任到事后救济制度一以贯之。未成年人监护监督制度理论基础是国家亲权制度，父母在行使监护权的过程中国家公权力会对其进行监督和监管，必要时会代替父母行使监护权，以公权力对未成年人进行保护。《德国民法典》中的国家亲权理论在社会生活中体现在国家尽可能为父母监护提供支持和帮助，故而当今通过监护监督制度来实现保护未成年人合法利益的目的，贯彻儿童利益最大化原则。监护监督制度不是对父母监督持质疑和否定态度，而是对父母监护进行必要的补充和支持，尤其是对监护缺失的困境儿童而言，监护监督能够帮助困境未成年摆脱家庭困境，摆脱监护缺失或监护失职的家庭环境，充分证明监护监督的必要性。

就我国目前已出台的法案而言，有关于监护监督制度的相关理念见于《未成年人保护法》和《民法典》之中，在法治进程的深入推进下，我国逐渐形成了具有我国特色的监护监督制度。虽然在立法内容方面比较完善，但是我国监护监督制度仍有许多内容亟须解决，一是亲权和监护权未区分，我国长期以来受传统文化的影响，父母作为监护人抚养、照顾孩子，在监护原则上不采用父母权原则。我国监护监督制度没有区分亲权和监护权，没有明确二者之间的差异，不利于作为监护人的父母有效履行监护职责，僵化了最大化未成年人合法利益的原则。我国在监护监督制度上杂糅大陆法系和英美法系的思想，这种未考虑我国的国情和时代要求简单地将二者杂糅到一起的做法进一步导致监护监督制度责任和义务划分不明确，未成年人得不到专属保护。二是法律上缺乏对未成年人监护种类的明确规定，我国目前的监护监督是以家庭监护为核心，国家监护尚未发挥应有的权利，大多数法律条文都不遗余力的强调家庭、社会、学校方面对未成年人监护监督的保障，在国家层面对国家监护的责任和义务没有明确规定，监护监督责任主体没有落实到具体部门，过于笼统抽象。三是未成年人监护人选任资格标准非常模糊，我国现行法律对"监护人"的表述可见于《民法总则》第 27 条，父母是未成年子女的监护人，当未成年子女的父母死亡或是没有监护能力的情况下，由未成年人的祖父母、外祖父母、兄弟姐妹及其他愿意担任监护人的个人或组织承担监护职责，《民法总则》第 27 条明确规定"监护人范围"，但是缺少有关"监护能力"的概念，缺乏明确的标准评估监护人的监护能力和资格，仅按血缘亲属关系进行顺位划分，在一定程度上导致未成年人遭受到监护侵害。加之现今法律过于强调作为监护人的义务，监护人需无偿提供服务，监护过程中监护人应享有的权利无法得到保障。在权利义务长期失衡的现状下监护人之间相互推诿、推卸责任的情况常有发生。四是监护撤销制度尚未有效实施。我国十分重视血缘关系，对于家庭监护过分依赖，忽视国家监护的作用，家庭监护侵害事件往往带有不告不理的色彩，法律中规定的监护撤销制度变成了"沉睡条款"和"隐藏条款"，监护撤销制度很容易流于形式。因此，发挥国家监护监督的作用，完善监护立法保障未成年人避免遭受监护侵害迫在眉睫。

第二节　国家监护保障儿童平等发展权

一　国家监护的内涵

从历史发展的视角来看，未成年人的监护经历了家庭监护、个人监护以及国家监护三个发展阶段，与此对应的我国相关法律立法也经历了由私法规范到私法、公法相互融合渗透的变化。在家庭监护层面下家庭中的父母承担未成年人监护责任主体的角色，对于未成年人平等发展权的实现拥有绝对的主导。随着经济的高速发展和人类思想解放，个人监护逐渐涌现，父母对未成年人监护承担部分权利和职责，未成年人自身作为监护主体享有特定的权利，尤其是财产安全上的权利。直至第二次世界大战之后，未成年人监护又出现了新的变化，国家公权力作为第三方开始介入，未成年人监护呈现公法化和社会化模式，未成年人监护主体不再局限于父母，国家同样承担未成年人的监护责任，未成年人弱势群体合法权益问题更是备受关注。国家监护作为未成年人监护的一种特殊形式。国家监护涵盖三方面内容，其一国家监护权高于父母亲权，当出现父母监护失职、监护侵害行为时，国家有权越过父母亲权对未成年人实施保护；其二国家监护是保护未成年人的最后一道防线，只有当家庭监护缺失时，国家监护才开始履行相应职责，在未出现监护缺失、监护失职的情况下国家监护仍然要保持对家庭监护的尊重；其三国家监护应始终将未成年人的利益放在第一位，不得有损未成年人的合法利益。相比如家庭监护，从介入的先后角度来看，国家监护具有补充性和强制性色彩。一般情况下以自然亲权为优先，父母若能正常履行监护职责、行使亲权，国家监护的作用体现为对亲权的补充，国家监护履行监护监督职责，并为父母亲权创造条件、提供帮助；从国家监护的介入程度来看，国家监护具有明显的替代性色彩，必要情况下完全取代父母亲权，针对父母监护侵害行为剥夺父母监护权利，代行监护职责。

二 国家监护的实质

（一）国家监护的目的是保护未成年人的合法权益。国家以公权力进行干预监护权的目的是为了解决和调节未成年人、家庭、国家之间的困境关系问题，由家庭监护发展到国家监护，其监护手段的变更也是为了强化国家责任对未成年人的保护，国家监护时代的开启是必然的现实选择。随着未成年人社会地位变迁，强大的国家责任成为儿童权利最大化获得实现的根基。

（二）国家监护作为未成年人监护的一种特殊形式，其特殊性仅表现在监护主体不同。国家监护也不能超越法律规定，其监护内容和监护行为依然受民法的规制；国家监护在实质上还属于行政救助行为，国家行政机关在公权力的干预下对行政相对人的行为进行约束和规范。因此，立足于以上两点的考虑，未成年人国家监护的实质兼具民事法律行为和行政救助行为。[①]

三 国家监护制度现状及存在的问题

（一）立法现状

目前关于我国未成年人监护问题的法律法规主要集中于《民法通则》，除此之外，还散见于《婚姻法》《未成年人保护法》等之中，当下经济社会快速发展及文化多元化，我国目前关于国家监护制度的法律法规远远落后于学术界理论的发展，传统理念下的法律法规难以

---

① 谷新宇：《我国未成年人国家监护制度研究》，硕士学位论文，宁波大学，2017 年。

运用于当下的社会实践之中，国家监护制度也在不断完善当中。我国自 1987 年颁布的《民法通则》使未成年人国家监护有法可依，到 2021 年 1 月正式实施《民法典》、2021 年 6 月实施修订后的《未成年人保护法》这期间国家对于有关家庭寄养、留守儿童、家庭暴力等未成年人问题都作出了相关规定，明确国家民政部门的监护职责，最大限度保障未成年人合法权益不受侵害。我国关于未成年人国家监护的立法还在初始阶段，相关规定呈碎片化形态，缺乏完整的法律体系，且实施过程中仍然存在实效性不足等问题。需要接受国家监护的受侵害未成年人种类多，如监护缺失儿童、流浪儿童、被遗弃儿童、残障儿童等，国家现行法律中缺乏对有关专门监护监督机构的规定，没有明文规定滥用监护职权的法律责任，很多法律适用范围面较小，且界定不明确，未能有效发挥作用。

（二）实施现状

基于立法现状不难看出，我国未成年人监护监督制度的发展还处于有待深化的过程中，尽管尚未形成完整有序的法律体系，但是在国家层面的法律规定和地方法规的引领下，国家监护监督制度在实施方面总体成效较为显著，但也依然存在突出问题。国家监护介入对于"只生不养"现象追责到底，严格落实监护权撤销制度，有效发挥国家监护的兜底作用，国家监护制度得到越来越广泛的重视和运用，且国家司法不断加强对国家监护制度的财政投入，保障全国各地儿童福利机构达到最低保障标准。但我国目前国家监护制度的实施对象主要是针对残障儿童和孤儿，尚未涵盖所有处于困境中的未成年人，对于监护缺失儿童、农村留守儿童、服刑人员子女、遭受拐卖儿童等的监护还停留在初级阶段，这些未成年人的权利得不到有效保证，在未来的一段长期时间内，国家监护制度的对象应面向所有困境儿童。另外，我国幅员辽阔，人口众多，东西部发展极不平衡，未成年人国家监护落实到各地，其实施理念和水平也存在相当大的差异，大多数地区仍然将未成年人监护看作是家庭的责任，导致社会中监护侵害事件屡屡出现。监护侵害事件不仅仅影响未成年人的合法权益，甚至严重影响着未成年人的生命安全和健康成长。在贵州、云南等较不发达的偏远地区，留守儿童居多，一方面父母监护缺失，未成年人得不到父母的关心照料，国家监护也流于形式，未成年人常常受到外界的侵害。譬如发生在贵州的校长性侵留守儿童案、留守姐弟被杀案，这一桩桩惨剧反映出我国未成年人监护方面存在大量问题。未成年人监护困难重重，这些惨剧的发生不仅仅是因为家庭监护缺失造成的，也反映出国家监护责任亟须强化的问题。

"法不入家门"等封建老旧思想根深蒂固导致未成年人国家监护存在观念上的误区。未成年人监护过分依赖于家庭，对于国家监护的干预持排斥和质疑态度。居委会、学校等社会机构即便发现监护失职、监护不当等现象也不会插手干预，未能及时制止侵害未成年人事件的发生，很多悲剧由此发生，过于依赖家庭监护已不能满足当前社会发展的现实需要，已不能保障未成年人的合法权益。国家监护得不到应有的重视，导致许多遭受侵害的未成年人游离于法律保护的边缘，无法从国家监护中得到保护；每每提到监护，首先涌现在脑海的词就是家庭监护。由此可见，家庭监护理念已经根植于当代社会，面对国家监护的问题，人们只能联想到救助站、福利院等机构，这种只依靠福利院、救助站的国家监护模式不是保障未成年人合法权益的理想模式。未成年人国家监护面临的首要问题就是转变传统观念，以未成年人利益最大化原则为指导，推进国家监护模式朝着多元化和理想的方向发展。问题二是国家监护中忽视未成年人的心理健康，相比欧美国家，我国对未成年人心理健康的重视程度远远不够，未成年人本就涉世未深，在遭受监护侵害之后更加不愿接受心理健康教育，心中的负担长期难以排除，压抑着未成年人的身心成长，可能导致未成年人问题行为内化，即发生抑郁或自杀现象。国家监护在未成年人精神层面的救助还有一定的缺陷，因此，国家监护在保障儿童基本物质生活、健康医疗、教育机会等宏观救助之后应着眼于未成年人精神层面的欠缺。

四 监护缺失儿童平等发展权面临的困境

监护缺失儿童实际上就是困境儿童的一种，目前学术界对于监护缺失儿童没有统一的概念。在知网搜索"监护缺失儿童"所显示的结果大都是关于农村留守儿童监护缺失的现状或问题。现如今不仅仅是在农村，很多城市的孩子由于父母犯罪等原因也处于监护缺失的不利状态中。首先从法律层面上看监护缺失指的是儿童没有监护人，高敏在《社会变迁中的儿童监护缺失与救济》中将监护缺失定义为在法律意义上享有未成年人监护权的社会主体，因为种种原因导致不能监护、监护失职或监护不作为，使被监护的未成年人得不到应有的监护，从而使未成年人的种种合法权益遭到侵害的行为。① 总的来说，监护缺失儿童是一个特殊的弱势群体，他们很容易引起社会的广泛关注和集体焦虑。正因如此，需要国家监护发挥作用对此类弱势群体实现平等发展权特殊保障，将监护缺失儿童明确纳入到国家监护体系之中，国家承担起监护职责。平等发展权一方面作为未成年人本质发展的内生性要求，是不可剥夺的基本人权，未成年人平等发展权的实现离不开社会和国家的满足和支持。毕达哥拉斯学派最早提出正义要求平等的理念，再到之后资产阶级革命提出法律面前人人平等，直至现代社会都体现着对于公平、平等的追求，监护缺失儿童理应获得与其他儿童同样的实现平等发展权的机会，拥有平等的教育机会，拥有公平竞争参与社会的机会，由于监护缺失儿童起点就比其他儿童要低，在平等发展权的实现上有着与生俱来的弱势，所以对于监护缺失儿童发展权的实现要给予更多的满足和支持。罗尔斯在《正义论》中提到为了平等的对待所有人，为他们提供真正同等机会的前提是社会和国

---

① 高敏：《社会变迁中的儿童监护缺失与救济——以南京饿死女童事件为例》，《青少年犯罪问题》2013 年第 5 期。

家必须更多注意到那些处于较不利环境中的人们。[①] 平等发展权能够提供给监护缺失这一弱势群体平等、公平公正的发展机会，共同享受人类社会的文明成果。

（一）监护缺失儿童平等发展权面临的首要困境集中于教育权方面。我国人口众多，适龄儿童过多导致优质教育资源难以平均分配，教育教学质量优等、教育资源丰富的学校的学校大都集中于发达城市，进入此类学校学习需要未成年人的监护人出示相关的就业证明、学区房产证明、社会保险证明等，这些证明不仅需要父母在学校所在地拥有正式的工作，且需要一定的物质经济实力，监护缺失儿童自然无法进入此类优质公办学校学习。良莠不齐的职业学校、打工子弟学校就成了监护缺失儿童的属地。这类学校教育质量低，教育资源匮乏，且学校与监护人之间缺乏沟通交流，监护缺失儿童在这种学校中学习，学习成绩差，辍学现象比较严重，甚至很多儿童都没有完整接受九年义务教育。

（二）在健康权方面，监护缺失儿童的健康权无法得到保障。《联合国儿童权利公约》和《中国儿童发展纲要（2011—2020 年）》中明确规定了未成年人所接受的医疗保障水平应不低于成年人，但现实情况是监护缺失儿童计划免疫率低于普通儿童，与普通儿童相比生病率更高且生病后就医率更低，身体营养状况和免疫力明显低于普通儿童，大多数监护缺失儿童尚未被纳入到医疗保障体系中。

（三）监护缺失儿童参与权和娱乐权尚未得到保障。儿童公约中明文规定儿童拥有参与事务并发表意见的权利，儿童在家庭和社会生活中可以自由的表达他们的想法。监护缺失儿童由于家庭监护缺位的限制导致他们参与权得不到正常行使，在休闲娱乐方面也没有条件参加少年宫等组织的丰富的课余生活，监护缺失儿童缺乏家庭的正确引导，容易被台球厅、网吧等不良场所吸引，染上恶习。

---

① ［美］罗尔斯：《作为公平的正义：正义新论》，姚大志译，生活·读书·新知三联书店 2002 年版，第 62 页。

五　国家监护保障监护缺失儿童平等发展权的原则

国家监护保障监护缺失儿童平等发展权的原则可以集中体现出监护缺失儿童所需的价值诉求。有关儿童权利的基本原则，学者们普遍认为应当包括未成年人利益最大化原则、平等无歧视原则、尊重保护原则等。① 监护缺失儿童由于自身的特殊性，其平等发展权的保障原则包括儿童利益最大化原则、国家责任原则和平等原则。

（一）儿童利益最大化原则

儿童利益最大化原则最早出现于《儿童权利宣言》中，无论是家庭监护还是国家监护其目的都在于维护未成年人的合法权益。儿童利益最大化是国家监护的基础。《中国儿童发展纲要（2001—2010 年）》提出"坚持儿童优先原则，保障儿童生存、发展、受保护和参与的权利，提高儿童整体素质，促进儿童身心健康发展"。监护缺失儿童在平等发展权的实现上存在重重困难，儿童利益最大化意味着为儿童平等发展权的实现营造一个良好的社会环境，最大限度的保障平等发展权的实现，将儿童摆在权利主体的地位，确保儿童享受到应有的权利。儿童利益最大化原则强调监护缺失儿童平等发展权的实现应当摆在优先发展的地位，监护缺失儿童应受到特殊保护，结合我国的时代背景和文化背景，真正落实监护缺失儿童平等发展权的实现。通过国家公权力进行干预守住监护缺失儿童平等发展权的最后一道防线，国家监护介入监护关系之中，直接充当监护人保护监护缺失儿童，维护监护缺失儿童的利益不受损害。

（二）国家责任原则

平等发展权是监护缺失儿童所拥有的基本人权，国家监护负责保障监护缺失儿童的平等发展权是应尽的法律义务和责任，监护缺失儿童是游离于社会边缘的弱势群体，其年龄及由于监护缺失导致的身心

---

① 倪文艳：《流动儿童平等发展权的法律保护原则探究》，《理论观察》2016 年第 11 期。

发展不成熟的问题严重阻碍了这群儿童平等发展权的诉求表达，国家对于监护缺失儿童平等发展权的获得应予以更多的关注和负责。我国《未成年人保护法》第 3 条规定"未成年人享有生存权、发展权、受保护权、参与权等权利，国家根据未成年人身心发展特点给与特殊、优先保护，保障未成年人的合法权益不受侵犯。"国家监护对监护缺失儿童平等发展权的保护从立法到行政司法方面都需要承担责任，国家不仅应确认和尊重监护缺失儿童的平等发展权，还应确保监护缺失儿童个体平等发展权受到司法保护，将监护缺失儿童的平等发展权及其他各种正当利益的实现赋予"法律化"，为监护缺失儿童权利的实现提供法律保护，未成年人正处于生长发展的关键期，其发展具有不可逆性，国家在对监护缺失儿童平等发展权的保护上应坚持救助先行的理念，重点关注监护缺失儿童的社会诉求，建立相应的救助机制和保障机制，为监护缺失儿童实现平等发展权提供必要的条件和资金支持。并且通过国家的积极引导统筹社区资源，充分发挥社会力量促进监护缺失儿童平等发展权的实现。

（三）平等原则

《世界人权宣言》确立了"人人生而平等，在尊严和权利上一切平等概念，"人人有资格享受本宣言所载的一切权利和自由，不分种族、肤色、性别、语言、宗教、政治或其他见解、国籍或社会出身、财产、出生或其他身份等任何区别。《世界人权宣言》中倡导的平等原则在之后的《公民政治权利公约》和《儿童权利公约》中都得到了重申。人的平等发展不应受到任何限制，人类权利的发展应是无条件的，只有坚持平等原则才能确保包括监护缺失儿童在内的每个儿童都得到发展。国家监护保障监护缺失儿童平等发展权，需要确保发展过程和结果的双重平等。监护缺失儿童在社会竞争中处境极其不利，面临的发展机会极不平衡，在不公平机会和竞争的处境下必然引发一系列不公平结果，造成这些不平等的主要原因就是监护缺失儿童起点过低，因此，国家监护首先应通过立法确保监护缺失儿童拥有平等参与和发展的机会，尽可能地保证起点平等。其次在社会资源分配中国家需明确意识到可供分配的资源除物质财富外还包括文化资源，这些资源都是监护缺失儿童可以消费的客体对象。在平等原则下，国家监护还需确保涵盖监护缺失儿童发展的每一个场所和环节都是平等的。

六　国家监护保障监护缺失儿童平等发展权的措施

（一）完善国家监护法律系统

纵观国内外有关国家监护的立法，英法德日等国家设置了专门负责监护领域事务的专门机关。国家公权力介入进行国家监护已成为国际共识，因此为以最大限度保障监护缺失儿童平等发展权，需要对国家监督制度进行完善，在实施国家监护过程中尊重监护缺失儿童的身心发展特点，建立以父母监护为基础、社会监护为辅助、国家监护为最后保障的监护缺失儿童监护机制。就改善国家监护而言，其一，明确国家监护的职责。其二，对监护缺失儿童的监护进行必要的监督，无论是家庭监护还是国家监护，都有必要督促监护人在监护过程中正确履行监护义务和职责；对于此类儿童的国家监护首先是为监护缺失儿童提供物质帮助，扩大津贴保障范围以确保监护缺失儿童基本的物质生活条件，并且尽可能的帮助监护缺失儿童回归家庭，为监护缺失儿童找回监护人。其三，国家监护与家庭监护的区别在于监护主体的不同，国家监护应履行相应的法律规则，包括人身监护职责，保障监护缺失儿童的身体健康，注意惩戒程度，不得虐待伤害监护缺失儿童的身心健康。国家监护承担财产监护职责，在国家监护开始之初对监护缺失儿童的财产进行清点统计，保护监护缺失儿童的财产安全；国家监护承担保障监护缺失儿童基本生活权和受教育权，国家监护需为监护缺失儿童提供适宜的生活场所，保障物质生活条件，确保监护缺失儿童的能够接受良好的教育；国家监护承担法定代理职责，国家监护作为监护缺失儿童的法定代理人，若监护缺失儿童出现损害第三方利益的情况，国家监护代为赔偿。

　　我国应逐步完善有关未成年人国家监护的法律法规，使之更为具体清晰，更具有可操作性和系统性，为实现未成年人利益最大化提供法律依据，在具体立法上摒弃以往"宜粗不宜细"的倾向，使国家监护法律法规体系尽可能具体细化。未成年人国家监护的认定、实施主体、条件、实施手段等内容做出系统化安排，以便在实际实施国家监护制度过程中可操作性更强。扩大国家监护的适用范围。目前我国未成年人国家监护机构主要包括儿童福利和儿童救助机构两类，随着我国经济实力的提升，国家有能力且有义务扩大国家监护的适用范围，将监护缺失儿童、吸毒人员子女、农村留守儿童、遭受拐卖后被解救儿童等未成年人纳入到国家监护范围之中，为监护缺失儿童平等发展权提供切实保障。建立临时国家监护与长期国家监护两种安置手段，监护缺失儿童回归正常的生活状态，获得平等发展权的实现。初始阶段应对未成年人进行临时国家监护，之后在仍然没有合适监护人的情况下，采取长期国家监护的安置手段，对监护缺失儿童进行妥善安置。在此过程之中人民法院、检察院、公安部门统筹协调配合，共同保障监护缺失儿童的合法权益。有关国家监护保障监护缺失儿童平等发展权的法律法规要具有科学性和合理性。科学合理的法律法规对于保障监护缺失儿童平等发展权具有重要意义，碎片化的法律条例不仅不能保障反而会损害监护缺失儿童的合法权益。未成年人是国家的未来和希望，有关未成年人的立法更应注重科学性和合理性，有关国家监护领域的法律法规中，对于居（村）民委员会担任监护缺失儿童的监护人这类法律条文可以进行删减。在监护缺失的情况下，直接对监护缺失儿童进行国家监护，一方面居民委员会属于群众自治组织，并不能有效地履行国家监护职责，没有能力承担起监护缺失儿童监护人的责任，另一方面也可以防止国家监护被架空，避免损害监护缺失儿童的发展权益。

　　（二）设立合适的监护主体，完善被监护人类型

　　为实现国家监护保障监护缺失儿童平等发展权，首先要设立合适

的监护主体。监护主体在监护过程中需要为未成年人的社会发展提供一系列社会关系。未成年人监护既是家庭和父母的责任，同时也是国家的责任，监护缺失儿童失去父母的监护根据《民法典》中的规定对未成年人的监护权进行转移时，国家监护是保护未成年人合法利益的最后屏障，国家监护应在未成年人监护人的选任上为未成年人挑选合适的监护主体。目前我国国家监护责任承担主体是由民政部门代为履行具体是由民政部门的下设机构所承担，如福利院和孤儿院。我国人口众多，监护缺失儿童数目庞大，我国的国家监护机构针对孤儿和流浪未成年人设置了专门的福利机构，由民政部负责未成年孤儿的安置工作，社会事务司负责流浪未成年人的安置工作，但是国家监护机构对监护缺失儿童的安置工作并没有明确规定。

（三）更新国家监护保障监护缺失儿童理念

国家监护是解决监护缺失儿童平等发展权问题最后介入的手段。我国相当一部分民众对于未成年人监护方面的法律意识淡薄，当出现监护侵害事件时不懂得申请国家监护介入。国家监护机构应加强有关国家监护的法律知识宣传，打破监护领域"法不入家门"的传统观念，充分发挥国家在未成年人监护方面的重要作用。在政府层面，需要明确国家监护的概念。国家监护不仅是指国家承担起未成年人监护的职责，将监护缺失儿童简单安置于福利院或其他救助机构，还包括以何种方式承担起监护缺失儿童的监护责任。国家监护的重点不在于撤销和取代家庭监护，而是当家庭监护出现问题和不足时给予及时的帮助和救济，避免未成年人遭受侵害才是国家监护的应有之义。为保障儿童的平等发展权，国家监护应注重对监护缺失儿童原生家庭支持力的恢复，帮扶原生家庭恢复家庭监护的功能。人民法院和人民检察院可以通过典型案例宣传向未成年人及家庭传递正确的监护理念，打破旧思想、旧观念，学校、居民委员会等社会服务机构也有义务宣传有关国家监护的知识，加强对未成年人保护的普法宣传。近年来我国在未成年人国家监护方面投入了大量的人力、物力和财力，目的在于维护未成年人各项合法权益，但是国家监护的现实发展情况未达到理想状态，国家监护保障监护缺失儿童平等发展权还存在很多亟须转变的陈旧理念。监护缺失儿童年龄尚小，又受到监护缺失因素的影响，在保障其平等发展权实现的过程中尽可能选取干预手段最少、对监护缺失儿童影响最小的解决方案。

（四）注重国家监护模式多样化

目前我国国家监护保障监护缺失儿童平等发展主要形式是通过设立社会福利机制对未成年人实施国家监护。从心理学的角度讲，监护缺失儿童最适宜接受的监护模式是家庭照顾模式，家庭照顾模式能够还原和谐友爱的家庭气氛和环境，更有利于监护缺失儿童健康发展。我国的社会福利机构可以将符合条件的监护缺失儿童送往寄养家庭生活。寄养与收养不同，二者之间最大的区别在于寄养不变更监护权，监护缺失儿童仍然接受国家监护，监护缺失儿童在寄养家庭中所需的生活、教育、医疗费用由国家和政府负担。寄养家庭中家庭照顾模式能够给监护缺失儿童提供家的温暖，帮助监护缺失儿童尽快走出监护缺失的困境。寄养家庭模式监护缺失儿童平等发展权、受教育权、参与权和娱乐权等方面的实现提供保障。但我国现行的有关家庭寄养的法律过于严苛，寄养手续烦琐。在立法方面应着重扩大收养人和被收养人的范围，帮助更多监护缺失儿童健康成长。同时应大力提倡社会力量的参与。社会力量是国家监护保障监护缺失儿童平等发展权必不可少的一环，应当大力支持社会力量参与到国家监护之中，充分利用市场资源，政府可以通过购买公共服务的方式利用民间福利机构的作用，减轻国家监护的负担。集中整治民间非法福利机构，委派专业人员进入监护缺失儿童救助机构和福利机构，为处于困境状态中的监护缺失儿童提供专业化帮助。同时对监护缺失儿童进行心理疏导和沟通，将国家监护落实到精神层面。通过慈善捐款、志愿服务等公益方式解决监护缺失儿童的安置问题，有效利用社会资源。

（五）完善社会共同监督制度

《国务院关于加强农村留守儿童关爱保护的意见》提出建立强制

报告机制，但是目前强制报告机制还仅适用于留守儿童，并未将适用范围扩大到其他困境儿童。相比于国家监护，居民间的日常交往更容易发现家庭监护中的侵害现象。在居民中设置专门的检举或报告机制，一旦居民发现家庭监护侵害或虐待现象可立即向公安机关报案鼓励居民群众积极监督。除社区和居民外，学校、医院等机构中的教师医生等"密切接触儿童的成人"若发现未成年人在身体或心理方面出现异常现象时，应立即向公安机关报告。公权力不能无时无刻对家庭监护进行监督，健全社会监督和举报机制有利于协助国家监护共同保障未成年人合法权益不受侵害。

第三节　学校、社区、家庭的合作共育

为使监护缺失儿童摆脱困境，得到关爱服务，维护监护缺失儿童的合法权益，需要建立学校—社区—家庭三位一体的合作共育体系，帮助监护缺失儿童健康成长。

一　来自学校和教师的关心和关爱

我国现行法律虽未对学校在监护缺失儿童保护责任方面做出明确规定，但是法学界中有学说表示监护缺失儿童在校期间学校应承担监护职责。监护缺失儿童走进校园之后，二者之间便形成了监护关系，学校作为监护缺失儿童学习生活的场所，在学校中家庭监护和国家监护很难起到作用，因此学校对监护缺失儿童负有监护责任的说法是合理的。在学校学习生活中确保家庭监护缺失儿童的合法权益不受侵害，同时也能规范和约束学校行为。监护缺失儿童在校生活期间与学校存在管理和教育的特定事实关系，监护缺失儿童在校期间脱离了家庭监护或国家监护，若在校期间其合法权益受到侵害，那么学校应承担监护失职的责任。首先提高教师队伍的整体素质，监护缺失儿童在学校中的培育一方面基于学校的硬件设施，即有关学校的基础设备，

另一方面则基于学校的软件设施，具体表现为学校的师资力量。培育监护缺失儿童教师是根本，而关键在于提升教师队伍的整体素质。在教师招聘中开放各种人才引进政策，鼓励和吸引优秀毕业生进入学校工作，譬如实施"三支一扶、特岗"等政策；职前对教师进行培训，不仅仅要提高教师的教学水平和工作能力，还要渗透有关监护缺失的相关知识。在监护缺失儿童的教育教学上采用不同的教学方法和手段，深入了解监护缺失儿童的心理特点。完善教师间的沟通交流机制，促进优秀教学案例宣传和借鉴。

在学校中为监护缺失儿童配备专业的心理辅导老师，密切关注监护缺失儿童的心理健康问题。监护缺失儿童缺少家庭监护、缺少父母的关心爱护，甚至有的儿童遭受过父母的抛弃，长期在这种不良情绪的影响下难免导致监护缺失儿童出现心理问题。这类儿童往往十分内向且自卑，缺乏自信心，严重时可能会产生逆反心理，适当的心理教育和疏导能帮助他们摆脱不良情绪的困扰，积极面对生活。因此，在学校中增设心理健康老师十分必要。在学校中设立专门的心理咨询室，当监护缺失儿童出现心理问题时有地方倾诉。为其心理问题提供专业的疏导和解决办法，定期安排心理健康讲座，组织心理教师定期走访班级，定期与监护缺失儿童谈话，密切关注监护缺失儿童的心理动态，教会监护缺失儿童自我疏导方法，减少监护缺失儿童的心理问题。学校在课程结构安排上增加心理健康课，保障心理健康课按时高效开展，避免出现"占课"现象，在心理健康课上系统教授心理问题自测以及自我疏导的方法。丰富监护缺失儿童的校园生活，一方面帮助监护缺失儿童提升人际交往能力，在活动过程中充分展示自我，增强自信心，另一方面帮助监护缺失儿童尽快从监护缺失带来的不良影响下走出来。

学校作为监护缺失儿童学习的主要场所，能够有效地保障监护缺失儿童的受教育权。对于监护缺失儿童，学校可以在一定程度上减免餐费、材料费等其他教育费用，保障监护缺失儿童可以顺利完成义务教育，避免因经济问题导致的辍学现象发生。

二 来自社区的邻里守望为监护缺失儿童护航

监护缺失儿童在参与社会生活的一系列学习、活动、人际交往总是基于一定的社区开展的，因此，与其他社会组织机构相比社区在监护缺失儿童保护方面更具优势。由于社区得天独厚的优越性，因此可以在社区中设立监护缺失儿童服务站，为监护缺失儿童提供一个安全且平等的发展和活动空间。同时也为社区保护监护缺失儿童合法权益提供一个公共平台。监护缺失儿童服务站在硬件设施方面可以为监护缺失儿童提供青少年健康绿色网吧、图书室、心理咨询室、爱心食堂等，还可以为监护缺失儿童提供课后托管服务。监护缺失儿童服务站在日常生活中定期开展有关监护缺失儿童的培训和活动，可以由社区内部自行组织，或是聘请专业人员和专业组织开展培训，对社区中的未成年人及家长普及有关监护监督的法律知识，帮助未成年人建立与家长之间的亲密关系，懂得如何解决监护缺失问题，确保对监护缺失儿童的保护工作顺利开展。此外，以社区力量为宣传手段，在社区内部通过张贴海报、组织社区讲座活动、分发宣传单等方式宣传监护缺失儿童社区保护工作。同时以社区作为联系其他社会力量的纽带和桥梁，将传统的宣传方式与社会互联网平台结合，将监护缺失儿童保护面向更多大众。在社区宣传过程中值得注意的是，宣传工作不能浮于表面、流于形式，宣传工作要深入到监护缺失儿童生活参与的每个场所。当发现监护失职或监护不当问题时，每一个社区居民都有报告责任，每一个社区居民都应了解报告和求助渠道，充分了解保护监护缺失儿童的理念。帮助监护缺失儿童提高自身的权益保护意识，可以采取漫画或动画宣传片的方式让监护缺失儿童知悉自身拥有的权利，提高监护缺失儿童自我保护意识，以及充分掌握当合法权益受到侵害时的自助路径。

加强社区工作人员的专业化程度，健全志愿服务队伍。在保护监护缺失儿童的社区工作中，拥有专业知识和技能的社区工作人员发挥着无法比拟的作用。因此，每一个社区中都应为监护缺失儿童保护和服务工作提供专业化人员。在上岗之前需接受专业培训和教育，具备保护监护缺失儿童相关领域的知识技能，具有一定的社会工作敏感度，这类专业人员在社区中的工作范围仅涉及有关监护缺失儿童的领域，建设一支专门为保护监护缺失儿童的高素质、专业化队伍，并且为监护缺失儿童配备相应的医疗资源、法律服务、心理健康等方面的专业人员，将社区保护监护缺失儿童系统化。明确社区中每个工作人员的职责，确保当监护缺失儿童出现问题时能够及时顺利解决，避免相互推诿、缺少责任主体的现象出现。在社区监护缺失儿童的保障工作中，志愿者以及志愿服务也是必不可少的重要组成部分，一支稳定高效的志愿服务队伍可以在很大程度上减轻社区工作的压力，解决社区工作人手不够的问题。在志愿者的选任上包括企业家志愿者、大学生志愿者和社会爱心志愿者等。在选任志愿者之后首要要对志愿者进行培训，通过学习志愿者服务手册，了解有关志愿的法律法规，让志愿服务队伍有法可依、有章可循。依据志愿者的工作经验、工作水平等实际情况，为缺少经验和能力的志愿者提供"一对一帮扶"，在经验丰富志愿者的带领下开展志愿服务工作，传授有关监护缺失儿童的保护理念和实施措施，以此形成良性循环，保证志愿服务队伍的稳定持续发展。社区定期开展有关监护缺失儿童保护的讲座或培训，组织志愿者积极参与，一方面提升志愿者和志愿队伍服务技巧和专业技能的综合素质，另一方面也是为志愿者提供一个相互之间沟通交流、分享经验的平台。并且在培训过程中建立合理的奖励机制，提高志愿队伍的服务热情，保障服务工作长期稳定发展。

在社区中为监护缺失儿童建立社区档案，动态保护监护缺失儿童。由社区工作人员和志愿服务人员对社区内的监护缺失儿童进行排查，形成"社区监护缺失儿童基本信息表"，将社区内的监护缺失儿童录入系统，为社区监护缺失儿童建立社区档案。并且将档案共享到教育部门、公安部门和司法部门，保持各部门之间的联系，实时监控监护缺失儿童的动态，根据实际情况随时修改档案信息。社区定期或不定期开展家庭走访工作，核查监护缺失儿童真实情况，在社区内部设立举报电话，接受群众监督。

三　来自家庭的改变和尽责

我国当前主要强调家庭监护的重要作用。对于监护缺失儿童而言，其一提升委托监护人的监护意识，监护人的监护意识直接影响着处于困境中未成年人的成长和发展。很多家庭中的委托监护人有监护能力，但是缺乏监护意识，因此需要明确委托监护人的监护职责。而且此监护人不仅需要提供基本的物质生活条件，照料儿童生活，同对儿童的学校学习情况、人际交往情况都要有所了解，进行恰当的家庭教育，给予儿童情感和心灵上的关怀，保护儿童不再受到伤害。委托监护人需要明确掌握不同年龄阶段儿童的身心发展特点，明确监护人陪伴和家庭教育对儿童成长发展的重要意义，加强对于监护不当、监护失职、监护侵害的惩罚力度。其二提高委托监护人的监护能力。监护人的监护能力是确保儿童需求得到满足的前提条件，对于因家庭贫困所导致的监护能力不足的情况，国家、政府和社会应对此类家庭进行帮扶，为委托监护人提供就业机会，保障监护能力的正常行使，确保监护人有能力照顾儿童。对于因缺乏监护知识导致监护能力不足的情况，定期为委托监护人开展监护知识学习讲座或培训活动，有目的地帮助监护人学会如何与儿童交流沟通、学会如何更好地开展监护。相比父母监护，委托监护人需要更多关注监护缺失儿童的身心健康，投入更多的爱。

目前我国在家庭方面对监护缺失儿童的培育还存在一种特殊形式——家庭寄养模式，由政府出资，在国家监护下，为监护缺失儿童寻找合适的寄养家庭，由寄养家庭代替照顾监护缺失儿童，保障监护缺失儿童的合法权益。在寄养家庭的选择上依据政府制定的标准和规范，考虑寄养家庭的经济水平、家庭成员身心健康问题、社会交往和人际交往情况、生活习惯等，核实和考察之后为监护缺失儿童选择最适合的寄养家庭，确保被寄养的儿童合法权益不会再次受到伤害，重新体会到家的温暖。在寄养过程中，国家以及政府实行监护监督制度，确保寄养家庭正常行使监护权，充分链接各种社会资源，对寄养家庭进行相关培训，以科学合理的培养教育方式保障监护缺失儿童健康成长。在寄养期间，寄养家庭应尽可能地保持与原生家庭之间的联系，修复原生家庭中存在的监护问题，重建原生家庭的监护能力。

第六章　残疾儿童平等发展权的法律保障

"从联合国《残疾人权利公约》（Declaration on the Rights of Disabled Persons）到世界各国的宪法与专门法，残疾人发展权在法律层面被确定为残疾人群体享有的基本权利。"[1] 完善的发展权保障体系有助于实现残疾人平等、参与、共享社会生活并实现社会融合，提升残疾人发展能力。残疾儿童作为残疾人中最具有发展前景的人群，更加需要"社会保障为其发展权保障提供康复与经济帮扶，无障碍支撑保障为其发展权保障创造完备的信息和设施环境，社会良好全纳的氛围塑造和教育层面融合为残疾儿童发展权实现提供路径，司法为残疾儿童发展权保障提供程序与实体的支持。"[2]

第一节　残疾儿童权利的视角缺失及其转换

结合《儿童权利公约》第 1 条针对儿童的定义、《未成年人保护法》第 2 条针对儿童年龄的定义以及《残疾人权利公约》第 1 条第 2 款针对残疾人的定义，"残疾儿童"被定义为生理功能、解剖结构、心理或精神状态异常或缺失，在与其他障碍的相互影响下，部分或全

---

[1]　苏晖阳：《残疾人发展权保障的理论体系与制度实践》，《人口与发展》2022 年第 1 期。
[2]　苏晖阳：《残疾人发展权保障的理论体系与制度实践》，《人口与发展》2022 年第 1 期。

部丧失平等充分切实参与社会的十八周岁以下的我国公民。[①] 世界卫生组织（2007）将残疾按功能分为七类：视力残疾、听力残疾、言语残疾、肢体残疾、智力残疾、精神残疾、多重残疾。第二次全国残疾人抽样调查数据显示，2006 年全国各类残疾人共有 8296 万人，其中6.1% 为残疾儿童，占全国总儿童数的 1.6%；6—14 岁学龄残疾儿童多达 246 万人，占全部残疾人口的 2.96%。2017 年全国残疾人服务状况和需求专项调查显示，0—17 岁的残疾儿童为 122 万人，中国每1000 个儿童中就有 16 个残疾儿童，其中以智力残疾为主要残疾类别。[②] 儿童承载着国家富强和民族复兴的希望与重任，为国家繁荣发展提供生生不息的行动力和创新力，正如梁启超所言"少年强则国强"，国家必须保障儿童得到全面良好的发展。残疾儿童由于自身缺陷以及外界环境的不友好，在平等发展权保障上往往位于更弱势的地位，常常面临着比普通儿童更为严峻的困难与阻碍。因此，加强残疾儿童平等发展权的法律保障，不仅能够让残疾儿童个体得到潜能开发和功能补偿，也对国家和社会的发展有着积极的促进作用。

一　残疾儿童权利

残疾儿童作为社会中特殊的弱势群体，具备人、儿童、残疾人的三重身份，其所享有的权利也随之包含了三个层次。我国《宪法》《未成年人保护法》以及《残疾人保障法》中对残疾儿童权利的相关规定，与《世界人权公约》《儿童权利公约》以及《残疾人权利公约》构建的残疾儿童权利体系基本一致，其具体层次为：第一层次是指包括生命权、自由权、尊严权、公正权、财产权等方面的人权，即人的基本权利；第二层次是指包括生存权、受保护权、发展权、参与权等方面的儿童权利，即儿童的特殊权利；第三层次是指包括康复

[①] 刘雪斌：《新发展理念与我国残疾儿童发展权利的保障》，《人权》2016 年第 3 期。

[②] 陈森斌：《中国残疾儿童状况研究》，载苑立新主编《儿童蓝皮书：中国儿童发展报告（2020）》，社会科学文献出版社 2020 年版，第 367—390 页。

权、受特殊教育权、无障碍权等方面的残疾儿童权利，即残疾儿童的特殊权利。

残疾儿童权利体系在 2006 年联合国颁布《残疾人权利公约》后伴随着残疾人权利体系的建立而基本形成，该公约在无障碍、生命权、危难情况和人道主义紧急情况、在法律面前获得平等承认、获得司法保护、自由和人身安全、保护人身完整性、迁徙自由和国籍、独立生活和融入社区、个人行动能力、表达意见的自由和获得信息的机会、尊重隐私、尊重家居和家庭、教育、健康、适应训练和康复等 21 个方面对残疾儿童拥有的权利进行了明确规定。① 残疾儿童因儿童的身份，还应在法律上受到未成年所需的特别保护，如康复服务、医疗救助、物质援助、特殊教育和职业服务等。我国《宪法》确立了残疾儿童作为权利主体的地位，赋予残疾儿童有关的基本权利。修订后的《未成年人保护法》则强调政府、国家机关及相关工作人员对儿童权利的保障责任和作用，提出儿童依法享有生命权、健康权、受教育权、参与权、社会救济权、养育权等权利。2008 年颁布的《残疾人保障法》丰富了残疾儿童权利内容，扩大了残疾儿童权利保护的范围，由此我国的残疾儿童权利体系也基本建立。

以平等为核心的儿童发展权作为一项基本人权，既是集体人权，也是个人人权，在我国一直被放在首要位置上。新发展理念提出"发展为了人民、发展依靠人民、发展成果由人民共享"的共享发展，体现了我国对发展机会均等与发展利益共享理念的高度重视，也是对《发展权利宣言》第 2 条第 3 款中所体现的社会公平与分配正义的补充和完善。残疾儿童作为社会中的一员，与其他群体一样是发展权的主体，这在国内外的法律法规和政策性文件中均有详细规定。其中，《儿童权利公约》关于儿童发展权的条款有 25 条之多；我国《未成年人保护法》规定残疾儿童发展权是指"未成年人享有生存权利、发展

---

① United Nations, *Convention on the Rights of Personswith Disabilities*, the Committee's Bi-Annual Report A/RES/61/106, December 13, 2006.

权、受保护权、参与权等权利，国家根据未成年人身心发展特点给予特殊、优先保护，保障未成年人的合法权益不受侵犯"。[1] 因此，残疾儿童平等发展权指的是十八周岁以下在生理功能、解剖结构、心理或精神状态上存在长期损伤的我国公民所享有的参与、促进并共享经济、社会、文化和政治发展的权利。

二　残疾儿童平等发展权利困境

随着我国经济水平的快速发展和对残疾儿童的高度重视，我国关于残疾儿童的法律法规体系不断完善，残疾儿童的生存发展状况有了极大的改善。但与普通儿童相比，残疾儿童的受教育权、康复权、社会参与权仍存在困境。

（一）受教育权困境

《2020年全国教育事业发展统计公报》显示，全国的特殊教育学校较之去年增长2.37％，总数达到了2244所；特殊教育学校较之去年增长6.11％，截至2020年共有专任教师6.62万人。招收各类特殊教育学生14.90万人，在校生88.08万人。其中，普通学校附设特教班在校生、随班就读在校生和送教上门在校生分别占特殊教育在校生总数的0.48％、49.47％、23.00％。[2] 2022年教育部颁布《"十四五"特殊教育发展提升行动计划》，要求到2025年适龄残疾儿童义务教育入学率将达到97％，教育普及程度显著提高，特殊教育质量全面提升，保障机制进一步完善。[3] 《2021年残疾人事业发展统计公报》

---

① 国家市场监督管理总局：《中华人民共和国未成年人保护法》，2020年10月17日，https：//gkml. samr. gov. cn/nsjg/bgt/202106/t20210610_ 330495. html，2022年5月30日。

② 中华人民共和国教育部：《2020年全国教育事业公报》，2021年8月27日，http：//www. moe. gov. cn/jyb_ sjzl/sjzl_ fztjgb/202108/t20210827_ 555004. html，2022年5月25日；中华人民共和国教育部：《不断加大政策、资金、项目对特殊教育的倾斜——我国残疾儿童义务教育入学率超95％》，《中国教育报》2021年9月27日第2版。

③ 国务院办公厅：《国务院办公厅关于转发教育部等部门"十四五"特殊教育发展提升行动计划的通知》，2022年1月25日，http：//www. gov. cn/zhengce/content/2022-01/25/content_ 5670341. htm，2022年5月30日。

统计表明，全国共有特殊教育普通高中（部、班）117 个，在校生 11847 人，其中聋生 7274 人、盲生 1761 人、其他 2812 人。残疾人中等职业学校（班）161 个，在校生 17934 人，毕业生 4396 人，毕业生中 1005 人获得职业资格证书。全国有 14559 名残疾人被普通高等院校录取，2302 名残疾人进入高等特殊教育学院学习。[①] 以上数据均表明我国特殊教育已实现量的提升，特殊教育学校、专职教师、特殊需要学生入学率都在不断提高，特殊教育事业正在快步稳进地发展中。但我国特殊教育发展速度和发展规模仍然落后于其他教育类别，尚未形成完整的特殊教育课程体系，对残疾儿童的发展缺陷关注和身心健康呵护仍不够，自闭症、脑瘫以及多重残疾儿童的教育问题仍是摆在我国特殊教育面前的难题，残疾儿童的受教育权仍存在着较大现实困境。

首先，随班就读工作发展不平衡不充分：（1）随班就读硬件资源设施条件不完善，表现为资源中心和资源教室的建设不足，特殊教育资源教室的支持保障体系不健全，缺乏政策支持与设施配备的资源教室建设将会直接影响随班就读的开展质量；[②]（2）对随班就读残疾学生缺乏个别化教育，表现为忽视残疾学生的学习能力、学习储备情况、相关学习兴趣、特点、态度、行为等方面，导致在课程教学、考试评价等方面缺乏针对性，使随班就读成为"随班就坐""随班混读"；（3）随班就读教师缺乏专业知识和专业技能，表现为普通学校缺乏具有特殊教育背景的普通教师或者资源教师，随班就读工作往往成为部分学科教师的附加任务，大大影响了教师对于随班就读的时间和精力投入；（4）随班就读相关工作机制不健全，表现为残疾儿童评估机制不完善，影响了残疾儿童的精准定位，家长也对随班就读存在

---

① 中国残疾人联合会：《2021 年残疾人事业发展统计公报》，2022 年 3 月 31 日，https：//www.cdpf.org.cn/zwgk/zccx/tjgb/0047d5911ba3455396faefcf268c4369.htm，2022 年 5 月 25 日。

② 王淑琴、王俊丽：《随班就读支持保障体系建设的困境与思考——基于 Z 市所有县（市）区及 21 所特殊教育学校（机构）的调查》，《现代教育科学》2022 年第 2 期。

怀疑和顾虑。①

其次，适龄残疾儿童受教育水平不平衡不充分：（1）学前教育不足。残疾儿童的学前期属于儿童身心发展的最佳期，尽早开展个别化的、符合残疾儿童身心需要的早期干预，可以促进儿童康复，获得最优发展。然而由于评估手段、家长教育理念等原因，残疾儿童常常会错过早期干预的黄金期。（2）职业教育缺失。目前国家仅仅保障了残疾儿童的义务教育入学率，接受中专以上教育的残疾人数较少，对残疾儿童职业技能的培养停留于手工艺方面的一般劳动项目，容易被科技所替代，成为时代发展过程中就业队伍的淘汰品。（3）农村残疾儿童受教育困难。与城市充足的特殊教育资源相比，农村残疾儿童在教育费用、早期干预、随班就读、个别化教育等方面未能满足需要。

最后，普通学校所接受的残疾儿童不平衡不充分：（1）接受的残疾类型较窄。如前所述的七种残疾类型中，普通学校通常接受的是视力残疾、听力残疾和智力残疾这三种类型的儿童，其他类型的残疾儿童则较少被接受；（2）接受的残疾程度较低。只有轻度残疾的儿童才能够进入普通学校，中重度残疾儿童则被排除在外。

（二）康复权困境

《2021年残疾人事业发展统计公报》显示，全国有残疾人康复机构11260个，康复机构在岗人员达31.8万人，36.3万残疾儿童得到康复救助。② 党的十八大以来，残疾儿童康复工作被纳入经济社会发展规划，残疾儿童康复状况获得显著改善。"十二五"以来，60余万人残疾儿童得到基本康复服务，各类残疾儿童康复服务机构发展到近7000个。③

---

① 中华人民共和国教育部：《教育部印发〈关于加强残疾儿童少年义务教育阶段随班就读工作的指导意见〉——应随尽随促残疾少儿更好融入社会》，2020年6月29日，http：//wap. moe. gov. cn/jyb_ xwfb/s5147/202006/t20200629_ 468983. html，2022年5月24日。

② 中国残疾人联合会：《2021年残疾人事业发展统计公报》，2022年3月31日，https：//www. cdpf. org. cn/zwgk/zccx/tjgb/0047d5911ba3455396faefcf268c4369. htm，2022年5月25日。

③ 中华人民共和国中央人民政府：《中国目前的残疾儿童康复现状及存在的问题》，2018年6月1日，http：//www. gov. cn/xinwen/2018-06/01/content_ 5295374. htm，2022年5月24日。

2019 年，1074.7 万人残疾儿童及持证残疾人的基本康复服务得到保障，残疾人康复覆盖率达 79.8%。[1] 根据 2006 年第二次残疾人抽样调查结果，我国有医疗服务与救助需求、康复训练与服务需求的残疾人有 72.78%、27.69%，而实际接受到的服务不超过一半，仅有 35.61%、7.31%。全国有 95% 的农村残疾人家庭户人均全部收入低于 683 元，农村残疾人口总数的 5.12%、城镇残疾人口总数的 13.28% 享受到当地居民最低生活保障，多数残疾人口没有独立的经济保障。[2] 由于我国残疾儿童的康复工作起步较晚，目前残疾儿童的康复工作仍面临许多问题和挑战。

首先，康复服务与需求不匹配：（1）贫困家庭难以满足康复服务需求。2021 年我国脱贫攻坚战取得了全面胜利，消除了绝对贫困。但由于缺乏康复所需的金钱和精力，很多残疾儿童家庭难以享有或长期享有基本康复服务；（2）康复服务难以满足残疾儿童家庭。2019 年我国残疾人康复机构的总数为 9740 个，其中肢体残疾康复机构总数最多（4283 个），而我国残疾人数量远超过 8500 万，康复服务需求庞大，现有的康复机构数量不能完全满足残疾儿童家庭的康复需求。[3]

其次，康复保障制度不完善：（1）康复经费投入不足。部分地区很少或没有将康复经费纳入地方财政预算，残疾人康复经费目前仍是人均 0.5 元的标准。[4]（2）社会保障体系不足。残疾儿童康复花费高、时间长，大多数的康复项目未纳入城乡基本医疗保障的支付范围，大多数的省份对医疗康复项目限定支付范围和支付时限，非公立

---

① 中国残疾人联合会：《中国残疾人事业统计年鉴》，中国统计出版社 2020 年版，第 3 页。

② 中华人民共和国中央人民政府：《中国发布第二次全国残疾人抽样调查主要数据公报》，2007 年 5 月 28 日，http://www.gov.cn/jrzg/2007-05/28/content_ 628517.htm，2022 年 5 月 30 日。

③ 冯振宁、黄琦瑜、魏翻、陈自汉、王青霞、陈婷、曹世义：《我国残疾人康复机构与人力资源现况及配置公平性研究》，《中国社会医学杂志》2022 年第 39 期。

④ 林宝、薄绍晔：《残疾人康复服务的主要问题及政策建议》，《中国医疗保险》2014 年第 1 期。

康复医疗机构占比达七成以上，残疾儿童家庭面临着沉重的经济压力，康复费用成为影响残疾儿童接受康复服务的一大阻碍。

最后，康复服务体系不健全：（1）行业标准体系建设及评价指标方面有待补充。康复机构和康复从业人员缺乏康复服务质量的评价监督机制，对康复技术和辅助器具的相关研究人力资源也较为薄弱；（2）康复服务机构专业能力有待提高。我国康复服务人才严重不足，且技术水平不高，特别是西部地区和农村的康复人才极其紧缺。同时康复机构的服务内容和形式比较单一，难以满足残疾儿童个性化的需求；（3）康复衔接体系有待完善。残疾儿童的筛查、诊断、评估、康复的衔接工作体制未充分建立。

（三）社会参与权困境

每一个自然人都通过社会化转变为社会人，从而使自己的社会行为规范准则内化为自己的行为标准，参与社会活动是个体社会化的重要途径。社会参与权目前尚未有统一定义，常晓茗将残疾儿童社会参与权定义为十八周岁以下的残疾人通过多种途径和形式，参与家庭、学校、社区和社会生活及相应事务的权利。[①] 目前，残疾儿童在社会参与情况上并不乐观。

首先，知情权与自由表达权受侵害。残疾儿童的知情权和自由表达在家庭环境起始就受到侵害，家庭作为残疾儿童最早、最多接触的交往环境，很多时候并不能很好地保障残疾儿童的合理权益。家长在安排和处理残疾儿童的相关事宜时，往往以自我或健全儿童的视角来看待残疾儿童的特殊需要，忽视了残疾儿童的知情和表达权利。

其次，无障碍环境未完全构建。我国的无障碍环境经过 30 多年的发展，无障碍设施覆盖率稳步提升，发展情况整体良好。但无障碍环境缺失，或已有的无障碍环境不适合残疾儿童使用，仍会给残疾儿童的生活带来不便。具体问题包括：（1）城市无障碍设施损坏、挤占

---

① 常晓茗：《残疾儿童社会参与权的概念澄清及权利构成——基于法律与文献的分析》，《青少年研究》（山东省团校学报）2015 年第 1 期。

现象较为普遍，如盲道设计存在安全隐患且常被挤占、无障碍厕所被堆放杂物或无人清扫等；（2）农村无障碍设施稀少或缺失，第二次残疾人抽样调查表明我国残疾总人口的 75.04% 生活在农村，[①] 而农村由于缺乏资金、人才的投入，无障碍环境难以满足残疾儿童的需要；（3）教育环境不足，中小学校、高校对无障碍设施的建设、监管并不到位，如楼梯扶手高度不适合残疾儿童、教学楼一楼未设置斜坡等。

最后，自由参与文体活动权受损害。根据马斯洛需求层次，在满足生理和安全的缺失性需求后，残疾儿童在家庭、学校、社会中对文化、艺术、体育、娱乐、休闲等方面的参与权利，是对爱与归属、尊重、自我实现的更高层次的成长性需求。与健全儿童相比，残疾儿童往往会受到歧视与不公正对待，如学校担心存在行为或情绪问题的残疾儿童出现不可控的情况，而拒绝残疾儿童参加体育、艺术活动，侵害了残疾儿童的社会参与权。

第二节　突破残疾儿童平等发展的障碍

我国制定了《残疾人保障法》。配套执行《残疾人教育条例》《残疾人就业条例》《残疾预防和残疾人康复条例》《无障碍环境建设条例》等行政法规，为特定领域的残疾人发展权保障提供了具体法律依据，以帮助残疾学生最大限度地融入普通教育，促进残疾人就业，为残疾人创造无障碍环境，建立起一套较为完整的残疾人保障法制体系。我国残疾儿童的平等发展权不断完善，在生存和发展上也有了极大的改善，推进残疾儿童平等发展权在各领域的实现还需要继续完善法律保障体系。

---

① 中华人民共和国中央人民政府：《中国发布第二次全国残疾人抽样调查主要数据公报》，2007 年 5 月 28 日，http://www.gov.cn/jrzg/2007-05/28/content_ 628517. htm，2022 年 5 月 30 日。

一　残疾儿童平等发展权的法律保护

《儿童权利公约》自 1990 年 9 月 2 日在世界生效，是联合国决议通过的第一部有关保障儿童权利且具有法律约束力的国际性法律文件。我国一直以来都把儿童生存与发展保护作为一项重要工作，自 20世纪 80 年代后在保护儿童发展权上更加注重与国际接轨，积极参与《儿童权利公约》的起草工作，并于 1990 年成为这一公约的签约国，1992 年 4 月 2 日该公约对中国生效。1991 年我国相继签署了《儿童生存、保护和发展世界宣言》和《执行九十年代儿童生存、保护和发展世界宣言行动计划》国际性法律文件。为保障公约在我国顺利实施，基于本国国情，政府先后出台了《未成年人保护法》《义务教育法》《残疾人保障法》等一系列专门性保护残疾儿童平等发展权的法律法规和政策性文件，我国关于残疾儿童平等发展权的保护逐步法治化、规范化。其中，《未成年人保护法》在根本宗旨上与《儿童权利公约》完全一致，成为我国承担条约责任与义务的基础性法律文件，同时也是我国残疾儿童平等发展权的宪章性法律文件。汪习根认为"衡量发展权利是否实现的最低标准在于不发达主体的最基本机会与发展条件是否得到最低限度的满足，主要包括食物权、健康权和受教育权等权利形式的有无及其满足度"①。下面围绕残疾儿童的受教育权和康复权的法律保障进行讨论。

（一）残疾儿童受教育权保障

特殊教育在 1950 年之前是一种"隔离式教育"，残疾儿童的受教育权受到极大的不平等和不公平。自 1950 年丹麦米克尔森（Bank Milkkelsen N. E. ）提出"正常化"（Normalization）概念，即在普通学校教育体系内教育特殊儿童，残疾儿童的受教育权开始被关注。1994年《萨拉曼卡宣言》首次提出融合教育，融合教育逐渐发展为特殊教

---

① 汪习根、王琪璟：《论发展权法律指标体系之建构》，《武汉大学学报》（哲学社会科学版）2009 年第 6 期。

育领域中的主流。

中国特殊教育事业走过了百年历程，从社会教育到融合教育，从具有歧视性质的隔离教育到以人为本、无差别的全纳教育，普职融通、医教结合的新发展格局逐渐确立。目前，我国对残疾儿童的安置形式共有三种：普通学校随班就读、普通学校的特殊教育班、特殊教育学校，基本形成了以特殊教育学校为骨干中心，普通学校特殊教育附设班和随班就读为主体，以送教上门为辅助的特殊教育体系。党和政府将特殊教育纳入国民教育体系，办好特殊教育成为保障残疾儿童的基本人权和建设和谐社会的重要着力点，成为保障和改善民生、教育强国的重要举措，成为全面建成社会主义现代化强国和实现第二个百年奋斗目标的重要指标。① 每年的政府工作报告都将特殊教育作为战略性问题调整特殊教育政策，2016 年《加快中西部教育发展的指导意见》要求普及残疾儿童义务教育，加快建立和拓展特殊教育服务模式。② 2019 年《中国教育现代化 2035》为残疾儿童同步迈入社会主义现代化提出了融合教育改革，普校优先、就近随班就读、医教结合，保障适龄残疾儿童从学前教育到高等教育、职业教育的全覆盖。③ 2021 年《中华人民共和国国民经济和社会发展第十四个五年规划和 2035 年远景目标纲要》为提升特殊教育质量，提出完善特殊教育保障机制。④

为规范特殊教育的发展，国家充分发挥法治引擎动能，出台了一

---

① 张彩云：《特殊教育发展的脉络、经验与展望》，《课程·教材·教法》2021 年第 12 期。

② 中华人民共和国中央人民政府：《国务院办公厅关于加快中西部教育发展的指导意见》，2016 年 6 月 15 日，http：//www. gov. cn/zhengce/content/2016-06/15/content_ 5082382. htm，2022 年 5 月 31 日。

③ 中华人民共和国中央人民政府：《中共中央、国务院印发〈中国教育现代化 2035〉》，2019 年 2 月 23 日，http：//www. gov. cn/zhengce/2019-02/23/content_ 5367987. htm，2022 年 5 月 31 日。

④ 中华人民共和国中央人民政府：《中华人民共和国国民经济和社会发展第十四个五年规划和 2035 年远景目标纲要》，2021 年 3 月 13 日，http：//www. gov. cn/xinwen/2021-03/13/content_ 5592681. htm，2022 年 5 月 31 日。

系列法律保障残疾儿童的受教育权。1982 年《宪法》赋予残疾儿童在内的所有公民平等受教育的权利。《教育法》第 39 条规定了国家、社会、学校及其他教育机构在残疾儿童教育方面所承担的职责，应尽可能为残疾儿童的教育提供帮助和便利。1991 年《未成年人保护法》明确界定了残缺儿童所享有的特殊权利，优先保护残疾儿童的身心健康。2016 年《幼儿园工作规程》规定家中无人照顾的残疾人子女入园应受到特殊照顾。①《义务教育法》第 19 条规定，适龄残疾儿童享有接受义务教育的权利，政府和学校应针对残疾儿童的特殊需要提供不同的安置形式和教育方式。② 2008 年《残疾人保障法》颁布，进一步为残疾儿童的受教育权提供了保障，明确发展残疾儿童职业教育、学前教育和高级中等以上的教育，应当根据残疾儿童的残疾类别和身心特点采取适合的课程设置、教学方法、教材，进行思想文化教育和职业能力培养。③ 修订后的《残疾人教育条例》强调残疾儿童享有平等受教育权以及义务教育，严禁教育歧视，为残疾儿童提供更多的非义务教育机会，鲜明提出残疾儿童教育的国民性、国家性和融合性，提出政府、家庭、学校对残疾儿童受教育权的具体保障措施。④ 党和政府不断赋权残疾儿童，尊重残疾儿童人权的独立性和自主性，残疾儿童的受教育权保障制度从慈善救济、福利保障转变成为权利保障模式。⑤ 教育是残疾儿童实现平等参与、融合发展的根本。残疾儿童只

---

① 中华人民共和国教育部：《幼儿园工作规程》，2016 年 3 月 1 日，http：//www. moe. gov. cn/srcsite/A02/s5911/moe_ 621/201602/t20160229_ 231184. html，2022 年 5 月 31 日。

② 《义务教育法》第 19 条：县级以上地方人民政府根据需要设置相应的实施特殊教育的学校（班），对视力残疾、听力语言残疾和智力残疾的适龄儿童、少年实施义务教育。特殊教育学校（班）应当具备适应残疾儿童、少年学习、康复、生活特点的场所和设施。普通学校应当接收具有接受普通教育能力的残疾适龄儿童、少年随班就读，并为其学习、康复提供帮助。

③ 中华人民共和国中央人民政府：《中华人民共和国残疾人保障法》，2008 年 12 月 11 日，http：//www. gov. cn/guoqing/2021-10/29/content_ 5647618. htm，2022 年 5 月 31 日。

④ 中华人民共和国中央人民政府：《残疾人教育条例》，2017 年 2 月 23 日，http：//www. gov. cn/zhengce/content/2017-02/23/content_ 5170264. htm，2022 年 5 月 31 日。

⑤ 刘璞：《中国残障人教育立法 30 年：轨迹、问题与方向》，《残障权利研究》2015 年第 2 期。

有接受高质量、适合自身的教育，才能掌握社会规范，从根本上增强社会竞争力，减轻社会负担，由法律支撑的残疾儿童受教育权既是权利也是义务。

（二）残疾儿童康复权保障

残疾儿童康复包括医学康复、教育康复、职业康复、社会康复四大领域，一些轻度残疾的儿童通过康复能够在很大程度上获得缺陷补偿和潜能开发，从而提高行动能力和生活自理能力，帮助残疾儿童适应和融入社会。

《儿童权利公约》第23条规定了残疾儿童享有特别照顾权利的条款，对残疾儿童的康复权作出了原则规定。我国《残疾人保障法》在第二章中以康复为主要内容进行了专门论述，规定了保障残疾儿童康复权利的责任主体、指导原则、组织实施、康复专业人才培养和辅助器具开发应用等内容，强调各级人民政府和有关部门对残疾儿童的功能恢复或补偿所承担的责任和应进行的措施。《国务院关于加快推进残疾人小康进程的意见》明确保障了残疾儿童的康复权，提出："建立残疾儿童康复救助制度，逐步实现0—6岁视力、听力、语言、智力、肢体残疾儿童和孤独症儿童免费得到手术、辅助器具配置和康复训练服务。"[1] 目前，我国各省市、自治区根据《国务院关于加快推进残疾人小康进程的意见》关于残疾儿童的相关要求，陆续制定和发布了包括保障残疾儿童康复权在内的相关实施意见。

2017年《预防和残疾人康复条例》是关于残疾儿童康复权最主要的行政法规，对我国残疾儿童康复权的实现具有重要作用。该条例共六章，根据预防为主、预防与康复相结合的方针，对残疾预防内容、残疾康复内容、保障措施、法律责任进行了细化规定。其中第3条明确规定国家采取措施为残疾人提供基本康复服务，支持和帮助其

---

① 中华人民共和国中央人民政府：《国务院关于加快推进残疾人小康进程的意见》，2015年2月5日，http://www.gov.cn/zhengce/content/2015-02-05/content_9461.htm，2022年5月26日。

融入社会，禁止基于残疾的歧视。①

二　残疾儿童平等发展权保护存在的问题

随着经济全球化的推进，20 世纪下半叶以来，残疾儿童平等发展权的法律保障日益受到全社会的广泛关注，残疾儿童的平等发展权受到越来越多的法律法规和相关政策的有力保障，特别是在医疗救助权、康复权和参与权上进行了详细阐述。尽管如此，我国在残疾儿童权利体系建构和保护机制上还存在需要完善和补充的地方。

（一）专门性立法还需进一步完善

我国在《宪法》《未成年人保护法》和《残疾人保障法》等法律中对残疾儿童平等发展权的保护在内容上作出了明确的规范，详细表明了残疾儿童平等发展权在经济、文化、社会中所体现的尊重、非歧视、利益最大化原则。但从结构上看，我国对残疾儿童平等发展权的法律保障缺乏逻辑系统性，相关法律规范广泛散布在不同层级、不同类型、不同区域、不同功能的法律文件中，相互独立又相互交叉，难以形成完整的残疾儿童平等发展权的法律保障体系。目前我国这种法律体系在实践活动中，显然不利于社会各界学习和宣传残疾儿童平等发展权保护的有关法律知识，不利于提高广大人民群众对残疾儿童平等发展权法律保障工作的重视程度，不利于保证残疾儿童平等发展权法律保障各项工作的开展质量，也不利于包括残疾儿童在内的我国公民有效运用法律手段依法维护残疾儿童的平等发展权。

从内容上看，现行残疾儿童平等发展权法律保障所存在的问题是缺乏明确性和可操作性。相关法律法规关心和规定的内容虽然广泛涉及经济、社会、文化、政治、环境层面的权利，但缺乏对残疾儿童平等发展权的明确具体的规定，大多是一种在宏观层面上的原则性指导

---

① 《预防和残疾人康复条例》第 3 条：残疾预防和残疾人康复工作应当坚持以人为本，从实际出发，实行预防为主、预防与康复相结合的方针。国家采取措施为残疾人提供基本康复服务，支持和帮助其融入社会。禁止基于残疾的歧视。

规定，宣示式条款较多，且行为主体的职责未具体落实，尤其未规范政府、社会和公民在保护残疾儿童平等发展权方面的具体责任。法律法规一旦缺乏明确性那么在实施中的操作性将会大大降低，给违法者钻空子的机会，而使执法者有法难依，损害了残疾儿童的法定权利。此外，在内容上的另一个不足之处在于立法的指导原则不清晰。联合国《儿童权利公约》和《残疾人权利公约》的一些基本思想和原则，如儿童利益最大化原则等在我国立法中尚未得到体现和确认。我国作为《儿童权利公约》的签署国，其中的原则和基本思想应作为责任和义务在我国法律中体现，而我国目前的法律体系显然未能满足国际法的要求，同时不利于我国与国际社会进行残疾儿童法律保护工作的交流，以及阻碍了我国借鉴、吸收国外优秀的残疾儿童法律保护理念和方法。①

（二）行政执法力度仍需提高

《儿童权利公约》第 4 条规定，缔约国应实施适当行政措施来保障儿童权利的实现。根据《儿童权利公约》的要求和行政保护实质，儿童权利的行政保护应当在法律法规和行政执法上形成连锁机制。在我国，残疾儿童平等发展权的行政保护仍存在以下问题。

第一，行政保障不充足。目前涉及残疾儿童平等发展权的行政法规有《残疾人教育条例》《残疾人预防和康复条例》《"十四五"残疾人保障和发展规划》等。其中涉及残疾儿童康复权的政策性文件较多，具体包括《中国儿童发展纲要（2021—2030 年）》《残疾人事业发展纲要》《国务院关于加快推进残疾人小康进程的意见》等。尽管行政法规较多，但在行政保障方面仍有不足，如《未成年保护法》第 25 条中关于设立专门学校的规定，未能制定关于部门职责、经费投入、监督考核机制等方面的行政法规，专门学校面临着生源下降、办学条件恶化等问题，不利于残疾儿童平等发展权的保护。在康复权方

---

① 刘剑：《残疾儿童权利的立法保护》，《河南广播电视大学学报》2010 年第 3 期。

面，我国尚未把残疾儿童的康复医疗纳入国家社会保障体系中，大多数的残疾儿童家庭只能依靠家庭能力或者是短暂性的社会力量来进行康复治疗，对残疾儿童康复权的实现造成极大阻碍。

第二，行政执法力度有待加强。残疾儿童平等发展权法律保障的真正实现，需要行政执法机关严格执法，在残疾儿童平等发展权保护的各大领域加大行政执法力度，如网络信息环境、特殊教育、文化娱乐用品以及无障碍设施等。在法律实施方面，由于相关部门及工作人员对维护残疾儿童权利的权利意识未建立，在残疾儿童平等发展权的保护上还缺乏积极性和主动性。此外，残疾儿童由于生理或心理等原因而缺乏自主自由选择的能力，使法律规定的残疾儿童权利内容与实际生活中残疾儿童的权利之间并不匹配，从而出现残疾儿童权利主体地位在理论上有着充分体现，而在现实中却难以保障和实现的现象。

三　完善残疾儿童平等发展权的法律保障体系

目前，我国已经形成了以宪法为根本指导，以《未成年人保护法》为核心，以民法、刑法等其他法律法规及规章制度为辅助的儿童发展权保护体系。[①] 宪法作为我国法律的最高法，具有最高效力，以国家根本大法的形式确立和保障了残疾儿童的发展权。《宪法》第46条规定"中华人民共和国公民有受教育的权利和义务。国家培养青年、少年、儿童在品德、智力、体质等方面全面发展。"2006年修订后的《未成年人保护法》对儿童的义务教育进行了更为全面的规定，其中明确规定了残疾儿童享有平等发展权，丰富了残疾儿童的权利内容，且从家庭、学校、社会和司法等方面对残疾儿童的平等发展权进行了规范。《未成年人保护法》第28条规定"各级人民政府应当保障未成年人受教育的权利，并采取措施保障家庭经济困难的、残疾的和流动人口中的未成年人等接受义务教育。"

---

① 宋丁博男：《论我国儿童发展权的法律保障》，博士学位论文，武汉大学，2018年。

（一）从立法层面完善残疾儿童平等发展权的法律保障

儿童平等发展权在实践中受限的根本原因就在于立法不足，甚至有些存在破绽的法律法规会成为侵犯或者剥夺儿童发展权利的"助燃剂"。儿童自我意识和自我控制能力都很薄弱。残疾儿童的学习和适应能力都与健全儿童存在差异，在行为能力上比较薄弱，更需要各个方面给予全面的保护。优化残疾儿童平等发展权的法律保障，可以从以下几方面入手：第一，增强残疾儿童自身的权利保护意识。第二，构建全社会对儿童发展权的法律意识。明确儿童的权利主体地位，提高保障儿童发展权的法治意识。第三，完善社区儿童保护机制。成立社区儿童权利监督委员会，赋予社区儿童工作人员一定程度的干预权。

在法律保护体系中，受教育权是残疾儿童平等发展权的根本及核心权利。为更好平衡特殊教育与普通教育之间的职责关系，应从立法层面建立系统完善的残疾儿童教育法律体系。目前我国形成了以《宪法》为指导，以《残疾人保障法》《义务教育法》和《残疾人教育条例》为主干的特殊教育法律体系。但完整的特殊教育立法体系除了包含宪法和相关基本法，还应该包括专门法、行政法规和政策性文件，从而更好地为残疾儿童的受教育权进行细节规定、提出措施建议和明确惩罚标准等。为此，国家应尽快制定和颁布残疾儿童特殊教育专门法来规范特殊教育办学行为，提高特殊教育办学质量，用强有力的权威性法律来保障残疾儿童的受教育权不受侵犯。

（二）从行政保障层面完善残疾儿童平等发展权的法律保障

针对残疾儿童平等发展权受侵害的司法现状，在行政保障层面应当完善我国的司法申诉制度。应优化教育、康复、医疗救助等方面的行政复议制度，将申诉与复议有机融合，从而形成对平等发展权的多元化、多层次的法律行政保障。及时的司法救济，是残疾儿童权益保护非常重要的一个环节。此外，残疾儿童的救济必须具有特殊性，并在法律法规、行政保障中明确体现。如简化司法程序、降低形式上的要求、缩短判决周期等。对残疾儿童平等发展权的行政保护，必须重视司法救济在时间上的紧迫性，维护和实现残疾儿童的合法权益，尽快将这一特殊群体利益受损害的程度降到最低。

司法行政部门和法律援助机构应该着手选派具备较高政治意识和过硬工作能力的律师和法律工作者充实到法律援助工作队伍中，进一步完善法律救援工作队伍。其次应加强相关法律法规的宣传力度，同时注重建设法律援助志愿者队伍，法律援助事业的发展在未来很可能以志愿者为主力军。此外，相关工作人员的专业素养应通过培训、考试进行提高，尤其重视学习关于弱势群体（如残疾儿童）及其家庭的基本信息，加深对这类群体的了解并具备应对紧急情况和特殊情形的专业能力和经验。①

第三节　发展参与权、发展促进权与发展共享权

一　发展参与权

（一）残疾儿童发展参与权的价值

作为残疾儿童的一项基本权利，发展参与权是残疾儿童基本权利得以顺利实现的重要条件，对残疾儿童发展参与权的相关法律的制定与实施，有着重要且不可替代的地位。《儿童权利公约》第 23 条规定，残疾儿童在被尊重的基础和前提下，享有积极主动参与社会、文化、经济生活的权利，以及享有在康复、就业、受教育等方面的个人发展和参与权利。② 残疾儿童作为社会中的一分子，并且作为人的独立主体，有权自由发表自己的意见和需求，故残疾儿童在参与家庭、社会、学校生活中发表自己合理的意见是残疾儿童共享发展权的应有之义。残疾儿童作为弱势群体，不应仅是法律权利所要保护和特别照顾的对象，更应是保护和实现其自身权利的主体，即残疾儿童在有能

---

① 宋青楠：《智障儿童发展权的法律保护》，硕士学位论文，黑龙江大学，2013 年。
② 联合国：《儿童权利公约》，《人权》2005 年第 2 期。

力对自我事务做决定的情况下，他们的决定应受到成年人的尊重、支持和鼓励，而不是由成人一举代劳。残疾儿童发展参与权的价值主要表现在三个方面。

第一，发展参与权是残疾儿童作为权利主体的一项至关重要的基本权利，国家、家庭、社会、学校都应当保障残疾儿童拥有参与到与其自身相关的法律法规和政策文件的制定中去的机会。我国的《未成年人保护法》《残疾人保障法》等相关法律把保护残疾儿童发展参与权作为法律义务进行了明确规定。在实际生活中，残疾儿童的发展参与权往往处于缺失的状态，众多涉及残疾儿童有关权益的政策、维权等通常由成人代为决定，残疾儿童自身真实利益的表达则被忽视或未被倾听。从客观上来说，如果在残疾儿童的事项上缺少或没有残疾儿童的参与，那么国家、家庭、社会、学校可能永远也不会知道残疾儿童的真正需求。这也就意味着，如果不能保障残疾儿童的真正参与，那么他们的受教育权、康复权、社会救济权等也只会成为空头支票，无法真实地实现。

第二，残疾儿童发展参与权的实现能够促进残疾儿童的问题解决。残疾儿童虽然在智力、语言、肢体、听力等方面存在长期缺损，但他们仍能够对自身的经历、情感有着自我体会和理解。残疾儿童在表达自我需要时是最有发言权的，他们的需求应当受到尊重和重视。如果给予残疾儿童足够的鼓励、支持和选择，他们在自我能力的范围内将有可能提出合理且负责任的问题解决措施。

第三，残疾儿童在参与经济、文化、社会生活中能够促进对社会和自我的了解。发展参与权对残疾儿童成长具有决定作用，该权利的实现能够促进残疾儿童融入学校和社会，培养自主能力。《国家人权行动计划（2021—2025年）》中明确提出"促进残疾人的平等参与和社会融入。保障残疾人参与权。涉及残疾人权益的重要立法充分听取残疾人、残疾人组织的意见。不断拓展残疾人和残疾人组织民主参与、民主协商渠道，有效保障残疾人的知情权、参与权、表达权和监督权。"[1] 提高儿童对经济、文化和社会生活的参与，能够培养残疾儿童的公民意识，具备公民责任感。同时有效的参与机会、体验和经历，对残疾儿童的交流、协商、决策等能力的发展具有促进作用，残疾儿童能够因此产生较高的自我意识、自尊意识。[2] 此外，残疾儿童参与也是实现残疾儿童自我保护的途径，平等、发展参与能够让残疾儿童在民主意识的启蒙下更好地理解自我感受，学会表达自己的需求，从而促进平等参与权的实现。

（二）我国残疾儿童发展参与权的推进路径

1. 普及残疾儿童权利意识

通过报纸、杂志、电视、网络等媒介宣传和普及残疾儿童参与权，通过专家讲座、教师培训和社区活动，对家长、教师和残疾儿童进行残疾儿童参与权理念的培训，提高全社会尊重残疾儿童权利的观念。根据我国残疾儿童参与情况和残疾儿童的特点，普及残疾儿童权利意识应从家庭、学校、社会等方面积极开展，尤其是家长、学前教育人员、中小学教师、社区工作人员等群体。第一，加大《儿童权利公约》《义务教育法》《未成年人保护法》《残疾人保障法》等法律法规的宣传与学习。第二，改革和完善学校教育，支持和鼓励残疾儿童积极参与课堂教学活动、文体活动、科技创新比赛等。第三，改变家长教育理念，对残疾儿童的家长开展法律专题讲座、家长课堂等，提高家长对残疾儿童参与权的认识，改善家庭参与状况。

2. 建立残疾儿童发展参与权的保障制度

第一，"普惠型"儿童福利制度需进一步建立。2014 年民政部发布《关于进一步开展适度普惠型儿童福利制度建设试点工作的通

---

① 中华人民共和国国务院新闻办公室：《国家人权行动计划（2021—2025 年）》，《大社会》2021 年第 10 期。

② 郑善礼：《儿童参与权法律保护制度研究》，硕士学位论文，中国海洋大学，2015年。

知》，坚持福利制度和福利服务并重，适度普惠、分层次、分类型、分标准、分区域地根据残疾儿童的特殊需求和当地经济状况，通过政府主导、社会参与的方式给予保障，为保护残疾儿童的权益和促进社会公平起到了重要作用。[①] 第二，完善残疾儿童参与权的救济机制。根据我国实际情况和残疾儿童的特殊性，完善残疾儿童的法律援助制度、少年司法制度。同时坚持立法过程中的特殊保护原则，可以通过在现行的《残疾人保障法》中设立专章，对残疾儿童的参与权进行专门规定，以残疾儿童保护条例为辅细化法律保护和司法救济制度。[②]

二 发展促进权

（一）残疾儿童发展促进权的价值

在创新、协调、绿色、共享、开放的新发展理念指导下，残疾儿童需具备与经济社会发展水平相适应的平等发展能力，发展促进权以平等发展权为基础，促进残疾儿童的受教育权和康复权这两个根本权利得到切实和充分的保障。《国家人权行动计划（2021—2025 年）》提出要加强对困难和重度残疾人帮扶力度，在促进无障碍环境建设、促进残疾人就业、促进残疾儿童智能辅具的研发和生产方面做出了明确指示。[③]

在残疾儿童的受教育权保障方面，发展促进权有助于推动特殊教育改革试验区为代表的制度创新。随着产业转型升级，对残疾儿童的劳动素质和职业技能提出了更高的要求，残疾儿童就业的岗位受到更大限制。残疾儿童拥有与健全儿童一样的发展权益，需要平等实现自

---

① 中国政府网河南省人民政府：《民政部关于进一步开展适度普惠型儿童福利制度建设试点工作的通知》，2014 年 4 月 18 日，https：//www.pds.gov.cn/contents/4625/18816.html，2022 年 5 月 23 日。

② 刘剑：《残疾儿童权利的立法保护》，《河南广播电视大学学报》2010 年第 3 期。

③ 中华人民共和国国务院新闻办公室：《国家人权行动计划（2021—2025 年）》，《大社会》2021 年第 10 期。

身价值的机会，而这是以残疾儿童能够发挥自己的能力为基础的，同时受教育权的保障也为残疾儿童的能力发展提供了基础。《2021年残疾人事业发展统计公报》指出，全国有14559名残疾人进入普通高等院校学习，161个残疾人中等职业学校（班）的毕业生中有1005人拥有职业资格证书。[①] 保障发展促进权的实现，能够提高残疾儿童的文化水平和就业竞争力，帮助残疾儿童建立信心融入社会，获得就业机会。

在残疾儿童的康复权保障方面，发展促进权有助于开展残疾儿童预防和康复领域的制度创新，推动社区、城市、家庭、公共服务、信息、盲文和手语的无障碍环境的建设，以及残疾人智能辅助器具的研发和生产。康复在实现残疾儿童缺陷补偿上具有巨大作用，一些轻度残疾的儿童，在儿童发展早期坚持接受长期的康复医疗和训练，有很大的可能恢复正常。我国在《"十四五"残疾人保障和发展规划的通知》中明确提出，"落实残疾儿童康复救助制度，合理确定康复救助标准，增加康复服务供给，确保残疾儿童得到及时有效的康复服务。"[②]

（二）我国残疾儿童发展促进权的推进路径

1. 建立有效衔接的残疾儿童教育体系

第一，建立完善的早期教育体系。0—6岁是儿童身心发展的关键期，一旦错过关键期，很多功能将难以补偿。尽早对残疾儿童进行筛查、诊断、干预和安置，能够使残疾儿童得到最及时的补偿和功能开发。第二，丰富职业教育课程。走出只为残疾儿童提供简单重复劳动技能培养的盲区，如种植业、养殖业、手工业等。增加多行业、多层

[①] 中国残疾人联合会：《2021年残疾人事业发展统计公报》，2022年3月31日，https：//www.cdpf.org.cn/zwgk/zccx/tjgb/0047d5911ba3455396faefcf268c4369.htm，2022年5月25日。

[②] 中华人民共和国中央人民政府：《国务院关于印发"十四五"残疾人保障和发展规划的通知》，2021年7月21日，http：//www.gov.cn/zhengce/content/2021-07-21/content_5626391.htm，2022年5月23日。

次、多方位的职业技能培训课程，结合残疾儿童的兴趣和长处，为残疾儿童提供课程，提高残疾儿童集中就业、按比例就业和自主创业的就业率。第三，健全从幼儿教育到高等教育、职业教育全覆盖的残疾儿童教育资助政策，对家庭经济困难的残疾儿童给予资助，同时为残疾儿童提供特殊需要辅助器具、特殊学习用具、康复训练和无障碍等支持服务，为残疾儿童参加国家教育考试和职业考试提供适当合理便利。

2. 多渠道、多形式促进残疾人就业创业

第一，提高在残疾儿童就业准备上的资源投入和执法力度。重视残疾儿童的鼓励性和保护性就业，激励残疾儿童向竞争性就业学习和前进，保障残疾儿童在未来社会生活和就业大军中充分实现自己的理想，发挥自身特有和潜在的才能。第二，加快健全残疾儿童就业社会服务体系。残疾儿童的未来就业需要残疾人就业服务机构、公共就业服务平台、各界社会组织、人力资源机构的全力配合和充分保护，健全相关社会服务体系，为满足残疾儿童和用人单位的需求提供全链条、精准化、专业化的就业服务。第三，重视残疾儿童的职业素质和就业创业能力的培养和提升。可以通过开发线上线下相结合的残疾儿童职业兴趣和职业技能培训的课程资源（如慕课）、举办残疾儿童职业技能比拼大赛、开展残疾儿童实用技术职业培训等活动来发掘残疾儿童的职业潜能，提高残疾儿童的职业技能水平和就业竞争力。

3. 加快发展康复辅助器具服务

第一，研发新型残疾儿童辅助器具。培养科技研发人才，加大研发资金投入，利用先进智能技术，在建筑、交通工具、生活用品等方面改良传统残疾儿童的辅助器具，提高康复辅助器具的服务质量和行业标准。第二，加快建设康复辅助器具服务的专业性机构。支持和推广医疗机构、康复机构、养老机构、托养机构、残疾儿童教育、就业服务平台开展康复辅助器具适配、租赁、回收、维修等服务。

三　发展共享权

（一）残疾儿童发展共享权的价值

在我国残疾儿童权利的法律保障中，残疾儿童往往被视为是困难、需要同情的弱势群体，对他们的救助更多的是物质救助和帮扶，政府工作和法律法规也把救助残疾儿童的生存权作为重点，而忽视了残疾儿童发展共享权的实现和个人潜能的开发，残疾儿童的法律权利在现实中被弱化甚至忽视。作为权利主体，残疾儿童具有平等享受社会发展成果、社会福利的权利，这在《儿童权利公约》中有明确规定。基于新发展理念中的"开放"理念，保障发展共享权可以通过吸收国际先进经验和分享中国经验，来促进残疾儿童的生存与发展。①

首先，发展共享权的实现有助于残疾儿童积极融入社会，实现自我价值。残疾儿童在进入社会之前，家庭和学校环境是对儿童成长影响最大的环境。有研究表明，具有融合教育经历的残疾儿童能够产生较高的自尊感和自我效能感，且融合教育经历越长其自尊感和自我效能感也会越高，并在认知、社会性、情感、行为技能等方面均有提高。② 在融合教育的环境中，残疾儿童与健全儿童共享教育资源、同伴关系、社会空间，进而促进残疾儿童的亲社会性行为发展，为适应学校生活、适应社会打下了良好的基础。③ 资源平等要求在分配或转移资源的过程中，使所有社会主体能够平等分配，直到无法在总体份额上更加平等分配，而合理平等的资源配置是残疾儿童发展的保障和基础。

其次，发展共享权的实现有助于残疾儿童形成健全人格，达到自我决定。著名心理学家埃里克森将人一生的发展分为了八个阶段，每

---

① 刘雪斌：《新发展理念与我国残疾儿童发展权利的保障》，《人权》2016 年第 3 期。

② Terpstra J. E. , Tamura R. , "Effective Social Interaction Strategies for Inclusive Settings", *Early Childhood Education Journal*, Vol. 5, No. 35, 2007, pp. 405 – 411.

③ 陆勤、魏佩君：《轻中度自闭症儿童学前融合教育的实践研究》，《现代特殊教育》2016 年第 21 期。

个阶段都有其独特的心理冲突和发展任务，若解决则形成积极人格，若失败则形成消极人格。残疾儿童与健全儿童一样都遵循着人格发展阶段。残疾儿童在童年期的意识如果被尊重和鼓励，那么他们将会形成自主感和主动感。如果父母在家庭中、教师在学校中尊重残疾儿童的发展共享权，与残疾儿童分享劳动成果、社会资源、情绪价值等，那么残疾儿童就能够在青春期阶段建立稳定的自我同一性，从而顺利进入成年期。在"代为决定"的我国现行成年监护制度下，发展共享权获得良好实现的残疾儿童能够建立较高的信心，并有能力进行自我决定。①

（二）我国残疾儿童发展共享权的推进路径

1. 营造团结、友爱、互助的社会氛围

残疾儿童的健康快乐成长需要社会各界人士的帮助和关心，我国应通过多种渠道大力弘扬残疾儿童自强不息、坚韧不拔的风采，提高全社会对残疾儿童发展共享权的关注。通过大众传媒积极反映残疾儿童生活，如电视台普遍开办残疾儿童专题节目，并配置手语、字幕；广播电台普遍报道残疾儿童勇敢追梦的真实经历；社会普遍举办残疾儿童文化技艺比赛等。目前《残疾人保障法》中对残疾儿童的发展共享权作出了较为明确的规定，未来可以继续完善法律中的教育、康复、就业、社会保障等内容，通过立法保障残疾儿童参与家庭生活、学校文化生活和社会生活的权利，强调国家应采取措施为残疾儿童在发展共享权实现上提供便利。

2. 加快无障碍环境建设

全面规定和实行为残疾儿童提供便利的城市道路和建筑物设计规范，督促社会各界加快建设无障碍环境，为残疾儿童的生存和发展创造良好的社会环境。中国残疾人联合会发布的《2021年残疾人事业发展统计公报》数据显示，全国共出台了753个省、地、县级无障碍

---

① 朱恒顺：《我国残疾人权利保障的理念更新与制度重构》，博士学位论文，山东大学，2016年。

环境建设与管理法规、政府令和规范性文件；1759 个地市、县系统开展无障碍环境建设；① 编制《无障碍通用规范》，推动城市道路、公共交通、居住社区、公共服务设施和残疾人服务设施、残疾人集中就业单位等加快无障碍环境建设和改造；补贴 110 万户困难重度残疾人家庭无障碍设施改造，提升社区无障碍建设水平。加快推进信息无障碍建设，支持研发生产信息无障碍终端产品，探索传统无障碍设施设备数字化和智能化升级。加强手语、盲文学科建设和人才培养，确保提供合理便利，促进残疾人的深度融入和平等参与。

---

① 中国残疾人联合会：《2021 年残疾人事业发展统计公报》，2022 年 3 月 31 日，https：//www. cdpf. org. cn/zwgk/zccx/tjgb/0047d5911ba3455396faefcf268c4369. htm，2022 年 5 月 25 日。

第七章 《家庭教育促进法》对困境儿童发展权的保障

　　家庭是儿童生活最重要的"微系统",为儿童的全人生奠基。《世界人权宣言》第 16 条中指出"家庭是天然的和基本的社会单元,并应受社会和国家的保护。"第 22 条指出"每个人作为社会的一员,有权享受社会保障,并有权享受他的个人尊严和人格的自由发展所必需的经济、社会和文化方面各种权利的实现,这种实现是通过国家努力和国际合作并依照各国的组织和资源情况。"我国家庭教育观念的转变与教育政策的提出适时回应了这一重大变革。就思想观念而言,习近平总书记强调"家庭是人生的第一个课堂",每个家庭都要承担起"帮助孩子扣好人生第一粒扣子,迈好人生的第一个台阶"的责任[①]。就政策演变而言,有关家庭教育的文件从出现在相关制度中走向直接命名阶段:1992 年国务院发布了《九十年代中国儿童发展规划纲要》,2004 年中共中央、国务院出台了《关于进一步加强和改进未成年人思想道德建设的若干意见》,2015 年教育部印发了《关于加强家庭教育工作的指导意见》,2016 年全国妇联等 9 部门联合发布了《关于指导推进家庭教育的五年规划(2016—2020 年)》,并于 2019 年对《全国家庭教育指导大纲》做了修订,2022 年 1 月 1 日《中华人民共和国家庭教育促进法》正式实施,第 15 条强调了家庭的主体责

---

①《习近平:要注重家庭家教家风》,2021 年 2 月 18 日,人民网,http:// politics. people. com. cn / n /2015 /0218 / c70731 – 26581147. html,2022 年 5 月 24 日。

任，即"未成年人的父母或者其他监护人及其他家庭成员应当注重家庭建设，培育积极健康的家庭文化，树立和传承优良家风，弘扬中华民族家庭美德，共同构建文明、和睦的家庭关系，为未成年人健康成长营造良好的家庭环境。"

第一节 作为促进型法律的《家庭教育促进法》

《国务院关于加强困境儿童保障工作的意见》强调了"指导思想"是"以促进儿童全面发展为出发点和落脚点，坚持问题导向，优化顶层设计，强化家庭履行抚养义务和监护职责的意识和能力，综合运用社会救助、社会福利和安全保障等政策措施，分类施策，精准帮扶，为困境儿童健康成长营造良好环境。"[1] 其中，"强化家庭履行抚养义务和监护职责的意识和能力"是重中之重。父母或者其他监护人需要在不同发展阶段根据未成年人的特点对他们实施家庭教育，教育他们乐于助人、向上向善、遵守社会公德和法律法规等。

《家庭教育促进法》在征求意见稿时被命名为"家庭教育法"，后增添了"促进"一词，成为现在的"家庭教育促进法"。不难看出，"促进"一词使得这项法律不再划归为管理型立法，参与家庭管理的主体也有更多的自主权，而政府和国家只是在家庭教育中起到一个规范、引导的作用。[2] 当然，如果监护人使用暴力手段进行家庭教育，也会受到其他法律，如《中华人民共和国未成年人保护法》《中华人民共和国反家庭暴力法》等法律的制裁。

---

① 《国务院关于加强困境儿童保障工作的意见》，2016 年 6 月 16 日，中国政府网，http：//www. gov. cn/zhengce/content/2016-06/16/content_ 5082800. htm，2022 年 5 月 24 日。
② 冯添：《家庭教育促进法：小家之事，大国之治》，《中国人大》2021 年第 21 期。

一　家庭教育与家庭教育权

党的十八大以来，习近平总书记就家风家教的建设问题发表了一系列论述，希望全社会能够重视家庭、家教和家风问题。家庭是孩子出生后最先接触的成长环境，而父母是孩子的第一任教师，对孩子进行良好的家庭教育也是父母的职责所在。家庭教育的根本任务是立德树人，父母首先要教会孩子做人，使其未来得以在社会上立足。具体讲，父母要对孩子进行品德教育、道德教育，就要从小事规范孩子言行，做好孩子的引导工作，能及时发现孩子在成长过程中的错误，用正确的方法加以纠正，使其意识到自己的不当行为，并在心中树立正确的处事和行为准则。正如习近平总书记所言，好的家风会引导人向阳而生，不良的家风则会败坏风气，贻害社会。不良的家风家教可能致使未成年人犯罪行为的出现，如果父母不注重对子女的道德教育，不改正自身不良的行为习惯，忽视自身对孩子的示范作用，将直接导致未成年人犯罪率升高。有数据显示，出现犯罪行为的未成年人，多数生活在问题家庭中。缺乏良好的家庭教育可能毁掉孩子的一生。重视未成年人的教育问题，起点是要使其拥有良好的家庭教育，家庭、学校、社会都要参与进来，引导未成年人形成正确的世界观、人生观、价值观，树立正确的法律意识和良好的道德意识，养成良好的行为习惯。

（一）家庭教育的概念和特征

在《辞海》中"家庭教育"被解释为"家中年长者对未成年晚辈的教育"，《家庭教育促进法》对"家庭教育"一词进行了明确规定，是指"父母或者其他监护人为促进未成年人全面健康成长，对其实施的道德品质、身体素质、生活技能、文化修养、行为习惯等方面的培育、引导和影响"。家庭教育的特征体现在它发生在家庭成员之间、形式更加日常多样、关注儿童的方方面面。

第一，父母与子女之间进行的教育活动。家庭教育有两个最关键的主体——父母与子女，在父母存在特殊情况时，可委托其他监护人进行家庭教育。在《家庭教育促进法》中明确指出了监护人应树立自己的责任意识，规定了监护人为家庭教育的责任主体，即使在特殊情况下父母也应履行自己的家庭教育责任，明确指出"父母或其他监护人委托他人照料未成年人时，应当与被委托人、未成年人保持一定频率的电话或视频联系，不定期了解孩子的学习情况和身心健康状况，与被委托人共同依法承担教育的责任。"

第二，家庭教育的方式多样。父母既可以通过直接的方式对未成年人进行家庭教育，如，在子女犯了错误时，家长可以通过直接的说教达到教育目的。同时，他们也可以通过营造良好的家庭氛围、家庭环境对子女进行间接影响，如，父母要做好榜样示范，以身作则地教会子女遵纪守法、乐于助人、拾金不昧等。

第三，关注儿童的方方面面。重智轻德是我国家庭教育中一个普遍存在的问题，父母会用各种兴趣班填满孩子的课余生活，以至于有时会忽视对孩子德行的培养，导致孩子在成长过程中出现一些教育问题。而《家庭教育促进法》中明确规定了要以立德树人为根本任务，在教会学生知识的同时，也要打牢做人的根基，加强文化认同、培养家国情怀、强化法治意识、促进身心健康、懂得珍爱生命、学会自我保护、养成劳动习惯等。

（二）家庭教育权的基本权利属性

家庭教育权是父母权利的重要组成部分[①]，它是有法律意义的，是由父母或其他监护人对子女进行引导教育的权利。关于家庭教育权，有些地方要特别注意：第一，行使家庭教育权的主体应为未成年人的法定监护人。在儿童的成长过程中，父母和家庭教育起着至关重要的作用，虽然教育未成年人是家庭和国家应该承担的共同责任，但家庭享有优先教育权，这在很大程度上源于父母和子女之间存在血缘关系，这既是父母的天然权利，也是父母的法定权利。在这里，天然

---

① 叶强：《论作为基本权利的家庭教育权》，《财经法学》2018 年第 2 期。

权利是指，父母产下子女，就有义务对他们进行抚养、照顾以及教育；法定权利是指在我国法律中明确规定了父母有义务对自己的子女进行教育。但对于困境儿童来说，家庭教育权可以由其他监护人来行使。第二，家庭教育权的实施应在子女成年之前。未成年人在身心发展上不够成熟，容易受到外界的伤害或不良诱导，在这个时期，监护人要行使家庭教育权帮助未成年人健康成长。第三，家庭教育权是法律规定下的权利，也要在法律框架内实施。

家庭教育权是基于婚姻关系产生的、文明社会确认的第一种普遍存在的教育权。① 家庭教育权是家长对子女教育的权利，表明家长在家庭中的主导和支配地位，它既是一种独立的权利，又是国家教育权的补充。在国内外法律中，监护人对未成年人进行教育都被归属为亲权的范畴中，在古代也是如此，那时的家庭教育过程中，父母对子女具有绝对的权威和极强的控制性。但在现代的法治社会，随着国家教育权的增强，家庭教育权的权利属性走向多元化。

第一，家庭教育权是一种主观权利。在家庭教育权的实施方面，监护人可以凭借个人意志进行，根据当时的实际情况以及监护人的教育经验、已习得的教育方法对未成年人进行恰当的教育。国家也愿意将家庭教育的自主权交给监护人，允许他们自己处理家庭教育问题，不过多干涉其家庭教育自由。监护人在遇到复杂的家庭教育问题时，也可向其他家庭的父母、学校教师以及提供家庭教育指导服务的机构等寻求帮助，以便实施更优质的家庭教育。

第二，家庭教育权具有客观价值秩序②的属性。一方面，家庭教育权是法律规定的权利，在实施时需遵守相关的法律秩序，如，监护人不能通过家庭暴力等形式实施家庭教育，不能用言语侮辱的形式迫

① 周文娟、翟刚学：《家庭教育法的逻辑起点》，《首都师范大学学报》（社会科学版）2021 年第 5 期。
② 邓静秋：《家庭教育促进法的宪法逻辑》，《苏州大学学报》（教育科学版）2021 年第 9 期。

使未成年人对其言听计从，而是需要通过恰当的家庭教育方式来引导子女。另一方面，家庭教育权需为国家和社会服务。《家庭教育促进法》融入了社会主义核心价值观，规范了家庭教育应实现的价值和应遵守的基本准则，明确了家庭教育的责任主体和行为规范，体现了习近平总书记关于家风家教建设论述的精髓与实质，同时也将本具有"私事"性质的家庭教育上升到"公事"性质，使其与整个社会的前途命运紧密相连。

（三）儿童发展权

儿童发展权（Development Rights）是指儿童这一主体拥有充分发展其自身全部体能和智能的权利。人是发展中的人，儿童作为权利主体相较于成人有诸多复杂的特征，在发展过程中，需要考虑其不同阶段的身心发展特点，遵循发展规律进行教育，同时，还要注意一些特殊主体，如残疾儿童、留守儿童、孤儿等，深入了解他们的特点，因材施教。有学者认为，儿童发展权具有综合性、依赖性和发展性。[1]首先，儿童的发展是由政治、经济、文化等多方面因素综合决定的，是受教师、家长、同辈群体等多重影响的。在《儿童权利公约》中，规定了儿童享有受教育权、文化活动权、社会保障权等，也说明了儿童发展权具有综合性。其次，儿童是特殊的个体，在身心发展上与成人不同，需要依赖于他人的引导和教育才能健康发展，同时也依赖于法律来确保未成年人享有儿童发展权。最后，儿童发展权具有发展性，未成年人在不同发展阶段会出现不同的发展需求，在马斯洛的需要层次理论中，也对未成年人的需求层次进行了划分，只有较低级的需要部分满足后才会产生较高层次的需求。

二　《家庭教育促进法》对于困境儿童的立法保护

（一）明确了监护人的责任主体地位

在《家庭教育促进法》中，明确规定了父母是实施家庭教育的主

---

[1]　宋丁博男：《论我国儿童发展权的法律保障》，博士学位论文，武汉大学，2018年。

体。但对于困境儿童而言，可以由其他的法定监护人或受托人对他们进行家庭教育。如，留守儿童的法定监护人为未成年人的父母，但在其父母外出务工无法履行家庭教育职责的情况下，父母委托未成年人的祖父母或外祖父母对未成年人进行生活上的照料，那么作为受托人，也应当对未成年人进行家庭教育。如果家庭教育的责任主体没有尽到应尽的职责，国家可以采取取消监护资格等措施来进行救济。

（二）规定了社会提供家庭教育指导服务

社区应搭建家庭教育指导服务平台，重点关注困境儿童的家庭教育问题，联系社会教育资源，提供专业的家庭教育指导服务。以社区为单位进行家庭教育知识宣讲，提高困境家庭的家庭教育意识。《家庭教育促进法》明确出现了社会协同的内容，家庭教育虽重在"家庭"，但也离不开社会各界的支持与监督，学校、教育机构、村委会、居委会等都应承担起家庭教育的协同责任，构建起层次分明的责任体系。一是村委会、居委会及未成年人所在学校等如发现其监护人未履行甚至拒绝履行教育职责，应及时劝导，使其监护人承担起家庭教育职责；二是公安机关、人民法院如发现未成年人出现不良行为或其监护人未对未成年人进行良好的家庭教育，上述机构可以要求其监护人到规定指导机构或部门接受专业的家庭教育指导，以此确保未成年人能够接受良好家庭教育。同时，相关政府部门也要承担其在家庭教育方面的法律责任。这些法规能够很好地缓解困境儿童的家庭教育缺失问题，整合社会资源，为困境家庭提供帮助。

（三）强调了学校协同进行家庭教育

学校在家庭教育指导过程中富有责任，如建立指导队伍、构建指导体系、制定指导计划，还要开展集中指导活动，加强监护人与学校教师的交流。面对困境儿童这种特殊情况，学校更要自觉承担起家庭教育的协同责任。对于父母外出打工，由祖父母或外祖父母照顾生活的留守儿童，学校教师应积极主动地进行家庭教育指导服务，可以定期进行家访，了解未成年人的家庭状况并制定符合其实际情况的家庭教育指导服务计划。

第二节 困境儿童的家庭教育现状

2016 年国务院发布的《国务院关于加强困境儿童保障工作的意见》明确指出了"困境儿童包括因家庭贫困导致生活、就医、就学等困难的儿童，因自身残疾导致康复、照料、护理和社会融入等困难的儿童，以及因家庭监护缺失或监护不当遭受虐待、遗弃、意外伤害、不法侵害等导致人身安全受到威胁或侵害的儿童"，[①] 如孤儿、自身困境儿童、家庭困境儿童、流浪儿童、留守儿童等。随着全球经济的发展，人口的流动性增强，家庭结构的不稳定性增加，困境儿童的数量日益增多，国家和政府正在尝试不同的策略帮助困境儿童健康发展。为使困境儿童的发展权得到保障，关键是要了解困境儿童的家庭教育现状，以解决困境儿童的家庭教育问题。

一 无人实施家庭教育

（一）孤儿

社会散居孤儿是指失去父母、查找不到亲生父母的未成年人，比如父母双亡（死亡情况依据死亡证明或法院宣判等确认），由亲属养育的儿童。在亲属的照料下，未成年人的生活需求基本可以满足，但精神上的创伤得不到愈合。由于从小就失去生父和生母，未成年人的心理会遭受很大打击，并且在其后的成长过程中，原生家庭的教育都会持续缺失。对一个社会人来说，家庭的生活依托不可替代，家庭的社会功能不可替代，家庭的文明作用不可替代。孤儿在家庭教育上的

---

① 银恒威、农文虎、梁倬楠、廖才灿：《社会工作视角下边境地区困境儿童保护的策略探析》，《社会与公益》2020 年第 11 期。

缺失将会对其人格形成不利，急需得到社会关注和帮扶。

（二）事实无人抚养儿童

事实无人抚养儿童是指父母无力履行抚养义务的儿童，比如父母双方无抚养能力或无劳动能力；父母双方正在接受改造或正在强制戒毒；父母一方死亡另一方改嫁；父母一方死亡或失踪，另一方长期服刑或强制戒毒；父母一方死亡或失踪，另一方因重残或重病无力抚养等。这一类群体属于家庭困境儿童，也可称为事实孤儿。

家庭是个体进行学习和成长的第一个场所，但对于事实无人抚养儿童来说，家庭结构的变化导致家庭能够提供其成长的资源少之又少，家庭的经济、文化等功能都无法体现，面临着家庭教育缺位的问题。

首先，如果父母双方均坐牢或被强制戒毒超过六个月以上且其子女没有独立生活能力时，这种情形的事实无人抚养儿童将由亲戚、祖辈等代为监护，如果当前抚养人经济状况较差，在生活上较为拮据，就会导致家庭的文化环境得不到保障，在同龄未成年人可以阅读家长给自己准备的大量课外书籍或与家长进行具有教育意义的交流时，事实无人抚养儿童只能通过温习在校学到的知识来打发本应属于家庭教育的时间。其次，如果未成年人的父母有一方去世或坐牢（或强制戒毒等），另一方重病，无劳动能力，甚至需要人照顾时，这些事实无人抚养儿童不仅要照料家中长辈，还要承担家庭经济负担，无人对其进行家庭教育。

这类未成年人在学习上遇到问题时，监护人或当前抚养人不能帮助他们解决，甚至无人参加家长会或接受社会提供的家庭教育指导服务，家庭教育的缺失会对困境儿童的成长和发展带来不利影响。

二 无力实施家庭教育

（一）农村留守儿童

我国农村留守儿童的监护类型主要有隔代监护、单亲监护、近亲监护、自我监护和同辈监护这几种。其中，隔代监护是指未成年人的父母因外出务工而将其交给上一代父母，即由未成年人的祖父母或外祖父母来抚养，这是农村留守儿童中最常见的类型；单亲监护指父母中的一方外出务工，另一方来照顾未成年人；近亲监护即把未成年人交给亲戚代为监护；自我监护即自己在家中照料自己；同辈监护即由哥哥、姐姐等同辈家庭成员照料。

在农村，留守儿童大多是由隔代老人进行抚养的，但是农村老人的文化程度普遍较低，大多不具有相关的家庭教育知识和成功经验，不能给予未成年人家庭作业检查、订正等帮助，也不能及时发现未成年人在成长过程中出现的问题。有些老人过分溺爱未成年人，迁就他们生活或学习中的坏习惯。未成年人因被祖辈溺爱产生不良行为，甚至导致未成年人犯罪率的上升，这是值得重视的问题。

儿童的成长离不开父母的陪伴，但留守儿童的父母常年不在家中，对未成年人的陪伴时间会大大缩短，视频、电话等形式的教育也替代不了日常陪伴孩子成长，未成年人会常常感到失落，并渴望得到父母的关爱。长时间的关爱缺失会让未成年人变得性格孤僻、不合群、不爱说话，甚至患上抑郁症。另外，此类未成年人内心脆弱，接受学校教师的教育时，容易产生逆反心理或抵触情绪。

为了未成年人有更好的成长环境，监护人应尽量让父母有一方可以留在孩子身边，或选择到离家比较近的地方务工，增加回乡频率。若是有特殊困难必须委托其他人代为监护时，应尽可能选择文化程度高、家庭环境好、有责任心的受托人照顾子女。

（二）自身困境儿童

自身困境儿童出现家庭教育问题是由于其自身原因，比如具有智力障碍、听力障碍、视觉障碍、肢体残障等的未成年人，他们也属于残障儿童。此类未成年人的家长因缺少专业指导、不熟悉他们的特殊心理、不具备与聋哑儿童的沟通能力等，导致了此类家庭陷入家庭教育困境。自身困境儿童的家庭教育成本偏高。首先，这些残障儿童要解决自身健康上的问题，他们在治病求医方面会产生很大开销，其监护人也会把主要精力和财力放在其生理健康上，仅是这些开支就是不小的数目。如果这个家庭本就不是很富裕，留给家庭教育的"经费"便所剩无几。其次，由于这类未成年人身心发展上的特殊性，其监护人可能会无法像正常家庭那样与子女进行顺畅沟通，他们往往要向专业的特殊教育人员求助，这也意味着家庭教育难度的增加。

（三）遭受违法侵害的未成年人

《家庭教育促进法》第8条要求人民法院、人民检察院发挥职能作用，配合同级人民政府及其有关部门建立家庭教育工作联动机制，共同做好家庭教育工作。为什么将法院、检察院列入家庭教育的联动机制中？因为困境儿童面对的最大问题是监护侵害或者监护不利，需要司法机关的干预。此类未成年人常常在身体健康或心理健康等方面出现问题。比如遭受性侵、暴力伤害或其他违法犯罪行为侵害的未成年人，被拐卖后获解救的未成年人，以及有不良行为和严重不良行为的未成年人群体等。[①] 这类儿童由于遭受过痛苦的经历，会产生很大的心理创伤且难自愈，不能用对一般儿童进行家庭教育的方式来对待他们，而监护人又缺乏相关的专业知识或经验，心有余而力不足，可能达不到令人满意的家庭教育效果。另外，在家庭教育指导师进行家庭教育指导的过程中，要以更加严谨的态度对待此类未成年人，政府和社会机构也要积极培养特殊教育专业的人才参与到此类未成年的家庭教育指导过程中。

三 无心实施家庭教育

（一）贫困家庭儿童

贫困家庭，是指经济生活困难家庭，没有专门政策补助，通常指年人均纯收入低于865元的家庭。在这样的家庭中，能够解决温饱问

---

① 杨艳：《困境未成年人家庭教育保障体系的构建》，《青少年犯罪问题》2021年第3期。

题已十分困难，监护人便无心关注未成年人的家庭教育，如此，家庭教育问题凸显。

1. 教育氛围不够浓厚

对于家庭教育而言，贫困家庭的儿童没有利于他们成长的学习氛围。由于经济拮据，他们的生活场所往往没有安静的环境供他们专心学习，监护人也无心塑造合适的家庭教育氛围供他们成长，具体表现为，无法像其他家庭那样每天抽出时间检查子女的作业，带着孩子一起分析阶段性测试中的错题或意识不到课外阅读的重要性并提供课外读物。

2. 教育活动匮乏

在贫困家庭中成长，未成年人的课外学习活动将比同辈群体更加匮乏，兴趣类活动可能会无法参与，例如兴趣班、主题夏令营等，这将不利于对学生兴趣的开发和培养，家庭教育的质量较低。

（二）农村留守儿童

农村留守儿童的家庭教育往往存在着诸多问题，从而给这些儿童带来成长中的不利影响，同时也会降低留守儿童的教育效果。

在隔代监护的家庭中，监护人对于家庭教育的重视程度较低，他们的目光仅仅停留在吃饱穿暖等基本生活需求的满足上，对于未成年人在精神层面上的需要，他们往往不够重视，这可能会导致未成年人在精神和道德层面教育的缺失。像这样，隔代老人没有意识到家庭教育的重要性，甚至带着旧观念和旧思想错误地引导孩子，会产生越来越多的家庭教育问题。这一类未成年人的父母由于不能陪伴孩子成长的愧疚，会通过物质方式来弥补未成年人，忽视其心理上的关爱和情感上的激励，也无力对未成年人的生活和学习进行正确引导。研究表明，若与家庭成员之间的情感联结消极、松散，无法相互容忍、相互认可，则会造成留守儿童的孤独感增强、责任感降低，不愿主动参与日常的社会交往，并表现出更多的适应性问题。[1]

---

[1] 吴建平：《乡村振兴背景下农村留守儿童家庭教育研究》，《农村经济与科技》2022年第33期。

第三节　困境儿童家庭教育指导服务

《家庭教育促进法》第7条规定"县级以上人民政府应当制定家庭教育工作专项规划，将家庭教育指导服务纳入城乡公共服务体系和政府购买服务目录，将相关经费列入财政预算，鼓励和支持以政府购买服务的方式提供家庭教育指导。"

一　家庭教育指导服务的可行性

就所属社会群体而言，学生主要生活在由家庭、学校及同伴群体构成的三重社会之中。一般来说，学生所处的家庭、学校、同伴三种文化环境的主流是一致的，统一的主流文化具有强大的影响力，能引导着学生朝着社会所期望的方向发展。[1] 然而，由于其环境不同，家庭、学校、同辈这三种文化也有各自的特点，也就是说在主流文化之外，还存在着很多亚文化。学校文化向学生传授的必然是与国家权威意志和社会发展趋势相一致的主流文化，然而家庭文化反映出来的价值观念常常带有功利色彩，与家庭成员的切身利益相联系。当这种切身利益与社会利益发生冲突时，家庭文化中的亚文化会占据主导地位。家庭亚文化所体现的价值观念往往与社会对个体的价值期望相矛盾，这类文化与学校文化之间也存在冲突。

美国学者菲兰（Phelan, P.）等人研究了学生的多重世界（multiple worlds）及越界行为（boundary crossiry behavior），菲兰所说的多重世界包括家庭、学校及同伴群体三个小世界。菲兰把学生从一种"社会环境"转移并习惯于另一种"社会环境"的现象称为"越界"（boundary crossing），如学生在放学后回家等。经过严谨的实证研究后菲兰等人认为可以将学生的多重世界与越界行为分为四种类

---

[1]　王林芝：《中学生"社会位移"解读》，硕士学位论文，广西师范大学，2002年。

型，分别是和谐的多重世界/顺畅的越界、失谐的多重世界/可设法实现的越界、失谐的多重世界/碰运气的越界、边界互闭/无望实现的越界。在可以顺畅越界的学生看来，家庭、学校及同伴群体所保持的价值、规范及行为方式并无明显区别，这些学生在日常的环境变换中很少能觉察到家庭、学校和同辈之间在社会文化方面存在界限，从一种"社会环境"移入另一种"社会环境"被视为是和谐的、轻而易举的。而对无望实现越界的学生来说，家庭、学校及同伴群体之间在价值、信仰及期待等方面的差异极大，导致越界难以成功而且对学生来说极为痛苦。① 然而，这种无望实现的越界并不是绝对的，家长可以通过接受家庭教育指导，提高家庭教育的能力和科学育儿的水平，解决家庭亚文化与学校文化存在的冲突，使家庭文化和学校文化都能引导学生朝着社会所期望的方向发展，进而帮助学生顺利实现越界。

二　家庭教育指导服务的必要性

（一）缓解家长焦虑

随着"双减"政策的落地，各地纷纷开展了减轻义务阶段学生作业负担和校外培训负担的工作，学生有了更多的闲暇时间，也给了家庭教育更多的施展空间。家庭教育的质量与父母的受教育程度高度相关，受教育程度高的家长拥有较多的文化资本，她们能为子女提供更好的家庭教育，并且重视通过言传身教和营造良好家庭氛围来帮助孩子养成良好的学习习惯。而文化程度低的家长则拥有较少的文化资本，由于自身知识储备和教育能力有限，她们无法给予孩子学习上恰当的指导和帮助，加上缺失了培训机构这一"得力助手"，很多家长陷入了焦虑和恐慌之中。因此，迫切需要社会为家庭提供有针对性的教育指导服务，以缓解家长的教育焦虑。

---

① 吴康宁：《教育社会学》，人民教育出版社1998年版，第223—227页。

（二）家庭教育的共识

1. 起跑线上的公平来自家庭

中国的家长大都秉承着不让自己的孩子输在起跑线上这一理念，且大多数家长会把这条线放到上小学或者是幼儿园的第一天，认为自己的孩子只要上了好的幼儿园和小学就不会输在起跑线上。然而，事实上这条线从孩子出生那一刻起就已经存在了，甚至是在父母孕育孩子的那一刻就已经出现了。因此，如果家长不想让自己的孩子输在起跑线上，她们应该意识到自己才是孩子的起跑线，

2. 孩子在学校中的幸福来源于家庭给予的教育

每一位家长都希望自己的孩子能够在学校里愉快的成长，并且把学习成绩好当作是孩子得到老师喜欢和同学尊重的唯一条件，所以很多家长选择让孩子进入学校前学习一些文化知识、参加一些课外辅导班等。然而，这种错误的做法给孩子增加了非常多的负担，也成为了"双减"政策提出的源泉。2021 年，中共中央办公厅、国务院办公厅印发《关于进一步减轻义务教育阶段学生作业负担和校外培训负担的意见》，此次"双减"政策的实施表明了国家为学生减负的意愿和决心，家长也应该积极配合双减政策的落实。事实上，家长之所以愿意投入大量的金钱为孩子报辅导班、加大孩子的作业量，是因为家长希望孩子在学校能够成为一个受欢迎的人，但是家长必须意识到：孩子是否能够在学校里愉快的生活，不仅取决于他的学习成绩，还取决于他的社会情感能力。心理学领域发展成熟和广泛运用的"人格结构五因素模型"将社会情感能力划分为任务表现、情绪调节、协作、开放性、与他人交往五个维度。[①] 任务表现能力主要包括责任心、坚持、自我控制等能力；情绪调节能力主要包括抗压、乐观、合作等能力；协作能力主要包括同理心、信任、合作等能力；开放性能力主要包括包容、好奇心、创造性等能力；与他人交往的能力主要包括社交性、

---

① 徐瑾劼、杨雨欣：《学生社会情感能力的国际比较：现状、影响及培养路径——基于 OECD 的调查》，《开放教育研究》2021 年第 5 期。

坚定、活力等能力。

3. 学生真正差距的形成更多的来自于闲暇时间

事实上，真正拉开学生之间差距的并不是学生在学校的学习，而是孩子在校外的闲暇时间，如何度过校外的闲暇时光也会影响孩子的视野和格局。此外，家长的陪伴方式是家庭教育非常重要的一个方面，家长应该遵循"在'陪'养中培养"的理念，懂得陪伴才是最好的教育方式。

三 家庭教育指导服务的现实困境

（一）家庭教育指导服务覆盖程度低

2011 年颁布的《中国儿童发展纲要（2011—2020 年）》和《全国家庭教育工作"十二五"规划》分别将适应城乡发展的家庭教育指导服务体系基本建成和构建覆盖城乡的家庭教育指导服务体系作为主要目标。然而，有学者通过对武汉市家长的调查结果中发现，四成以上的家长没有接受过政府部门组织的家庭教育指导服务，少部分家长每学期或每半年接受 1 次相关培训，接受 2 次以上指导的家长数量微乎其微。[①]从覆盖的地区来看，政府有限的教育资源主要集中在城镇地区，而一些农村地区、偏远的山区并没有进入公共家庭教育指导服务体系的覆盖范围。如有研究发现，在城乡接合部和城中村等流动人口聚居的区域，由于基层政府财政投入有限，尚未建立系统的家庭教育指导机构，使得流动家庭在遇到家庭教育问题时难以获得有效的政府支持。[②]

（二）家庭教育指导服务的专业人员和实施机构不够完备

1. 专业人员供给不足

早在 20 世纪 80 年代，美国就开始培养大批理论精深、技能纯

---

① 蔡迎旗、胡马琳：《从家规到国法：论我国家庭教育立法的现实诉求与责任分担》，《当代教育论坛》2020 年第 4 期。

② 马东东：《城市流动家庭婴幼儿亲职教育研究》，硕士学位论文，云南大学，2015年。

熟、乐于奉献的专业家庭教育指导师，经过几十年的发展，美国建立了一支结构合理、业务精湛、充满活力的亲职教育师资队伍。然而，我国在家庭教育指导服务专业人员的培养方面还略显不足，例如家庭教育指导人员专业化水平较低，家庭教育指导师培养滞后，师范院校毕业生从事家庭教育相关领域工作的人数极少，在职家庭教育指导人员接受继续教育的比例也极低。① 此外，我国缺少对特殊家庭进行指导的专门人员，缺少问题儿童行为矫正、自闭症儿童教养、特殊儿童护理等方面的专业人员。缺乏专业人员导致了我国家庭教育指导服务质量堪忧和覆盖范围受限。

2. 家庭教育指导服务机构不够完备

美国的家庭教育指导服务以学校为依托，由政府各部门、社区、社会企业、教育专家等共同组织和实施。大部分的州要求在师范教育中增加相关的课程内容，以此来提高教师的交流能力，帮助教师与家长更好沟通。德克萨斯州政府为其家庭教育指导中心提供大量经费以便于培养出高质量的家庭教育服务人员。我国各级学校普遍通过建立家长委员会的方式为家长提供家庭教育指导，在这个过程中，校方与家长是一种不平等的校方领导型关系，即学校领导单方向的将知识输出给家长，而家长只是被动接受的角色。某课题组通过对武汉市调研发现，学校所提供的家长教育指导服务大多是像讲座、专题报告这种单项信息灌输交流的方式进行，像父母沙龙、家长论坛、家教咨询等能充分发挥父母在家庭教育中的自主性和主动性的活动形式却很少。②

（三）家庭教育指导的个性化和多元化不强

我国目前的家庭教育指导服务多以集中指导为主，以班级、年级等为单位，将学生家长组织起来，利用家长会等形式对家庭教育中经常出现的问题进行集中性的答疑解惑，并辅以微信群、QQ 群等沟通

---

① 杨宇字：《我国家庭教育指导师培养研究》，博士学位论文，西南大学，2018 年。

② 蔡迎旗、胡马琳：《从家规到国法：论我国家庭教育立法的现实诉求与责任分担》，《当代教育论坛》2020 年第 4 期。

形式。这种指导方式能够较大规模地进行指导服务，也有较为便捷的指导渠道，但缺乏个性化的指导服务，不能满足家庭教育中多元化的需求，导致服务效果不理想。

孩子的性格特点多种多样，也意味着在家庭教育过程中家长会遇到不同的教育问题，尤其是面对困境儿童这样的复杂情况。这时就需要学校教师在进行家庭教育指导时，能够评估家长的文化程度和进行家庭教育的能力，分析孩子的问题与现状，了解每个家庭的教育需求，有针对性地提出家庭教育的对策与建议。父母有较多时间可以待在家里的家庭，学校教师可以到家中进行走访来了解家庭的现状与教育需求；父母在外打工或是工作较忙，可以通过一些信息化的媒介，提供适当的家庭教育指导。面对不同的家庭教育需求，家庭教育指导者可以制定一些个性化的方案供不同家庭选择，以应对多元化的家庭教育问题。

虽然家庭教育问题有个性化的问题，但也会存在普遍出现的难题。家庭教育指导者需要在平时工作时多留意一些典型案例，找一个时间集中进行交流讨论，深入研讨成因与对策，总结出较为普遍性的规律，提供具体可行的家庭教育方法供家长借鉴。

（四）家庭教育指导的评价体系不够健全

在进行了家庭教育指导后，较少学校能够对家庭教育指导工作的效果进行考察和评价，家庭教育指导的效果监测和评价体系也尚未健全。

家庭教育指导评价体系的建立在优化指导效果方面具有十分关键的意义。一方面，评价体系可以诊断教师每次对家长进行指导后的家庭教育提高情况，二次分析出现的问题，根据反馈结果调整之后的指导工作；另一方面，评价的出现可以提高教师指导过程中的积极性，起到激励作用，也可以将评价结果与教师的工资绩效挂钩，让教师在进行指导时更有动力。

建立家庭教育指导的评价体系时需注重操作性，比如家庭教育指导的频率是多少、线上指导还是集中服务、家庭教育案例讨论的次数等。将评价指标细化，建立目标导向、结果导向，帮助家庭教育指导服务达到更加令人满意的效果。

（五）家长传统教育观念顽固

1. 对子女的期待过高

现在的家长大多"望子成龙，望女成凤"，希望自己的子女能够选择一条满足自己心意的道路，迫切地希望他们能够成功，甚至会把自己幼时的梦想、未完成的道路强加到孩子身上。这些父母可能会不顾孩子的意见，用课外辅导班、兴趣班等将孩子的课余生活填得满满的。他们往往忽视了一点，如果不从实际出发，而是用自己的意愿把孩子逼得过紧，教育效果可能会适得其反。

2. 过分侧重物质奖励

在孩子取得一些成绩时，有些家长会用物质奖励来激励孩子，还有的会在考前许诺孩子如果考了多少分就可以把什么东西买给他。这样下去，孩子会觉得考好是为了奖励，不是为了自己。孩子本来对学习有兴趣，但因为这些物质奖励，转移了本来的学习兴趣。用物质奖励代替精神鼓励，不利于孩子形成正确的三观，也会让父母与孩子之间的交流减少。

3. 祖辈对孩子过于溺爱

在三代人共同生活的家庭中，父母往往会对自己的孩子比较严格，在孩子犯了错误被父母批评时，祖父母或外祖父母就会出来"庇护"孩子，此后再有类似情况出现，孩子就会去找祖辈寻求庇护，长此以往，家庭教育的效果将会大打折扣，甚至会助长孩子的任性和骄纵。

4. 部分家长质疑家庭教育指导服务

部分家长对"教育"一词的理解有失偏颇，他们认为学校教育可以教给孩子全部的内容，自己只需要负责孩子的饮食起居，进而忽视家庭教育在孩子整个成长过程中不可替代的作用。一旦孩子出现教育问题，他们会理所当然地认为这是学校的过失，很少去反思自己身上的问题。这些家长忽视家庭教育指导的重要性，无视社会提供的家庭教育资源，甚至对家庭教育指导服务的内容提出质疑。实际上，家长应承担起孩子的养育责任，所谓"养育"，既要"抚养"，又要"教育"，二者缺一不可。

四 家庭教育指导服务的途径

美国的一项对长期接受亲职教育的父母跟踪调查显示：常与家庭教育指导师沟通的父母，其孩子在小学期间的适应性明显高于父母未接受过指导的孩子，且孩子的学习能力和人际交往能力更强；在孩子中小学阶段常与家庭教育指导师沟通的家长父母，其孩子的认知、记忆和智力发展速度高于其他儿童。[①] 我国《家庭教育促进法》第30条规定"设区的市、县、乡级人民政府应当结合当地实际采取措施，对留守未成年人和困境未成年人家庭建档立卡，提供生活帮扶、创业就业支持等关爱服务，为留守未成年人和困境未成年人的父母或者其他监护人实施家庭教育创造条件。教育行政部门、妇女联合会应当采取有针对性的措施，为留守未成年人和困境未成年人的父母或者其他监护人实施家庭教育提供服务，引导其积极关注未成年人身心健康状况、加强亲情关爱。"

（一）支持

1. 提供经费保障和专业的家庭教育人员

政府应该加大家庭教育投资力度，增加家庭教育指导师的培养、家庭教育活动器材的增补等方面的教育经费。各县区也可以利用社会募捐等方式为家庭教育提供充足的物力和财力保障。同时，政府要分层构建提供家庭教育指导服务的专业团队，借助妇联等部门或机构的宣传力量，适当增加薪资待遇来招揽教育人才，并根据各社区的未成年人数量合理分配专业人员，最大限度地提高教育人员的利用效率。

---

① 王艳辉：《美国亲职教育实践经验及对我国的启示》，《成人教育》2017 年第 4 期。

还可以组织志愿者服务活动，鼓励有家庭教育理论及实践知识和经验的社区人员参与到家庭教育指导服务中来。

2. 创建完备的家庭教育指导服务实施机构

政府应结合当地实际，根据家庭教育指导服务的需求程度决定指导服务机构的规模、覆盖范围，提供服务必备的工作条件、活动经费、设施器材，并建立完备的运作体系，聘请专业的教育人员指导机构内的教育工作，如服务产品研发等，使各项资金的流动透明化，由社会各界共同监督其服务工作。

3. 加强家庭教育指导服务的资源整合

除了政府的经费补助，还要整合学校、社区现有的优质师资，将他们优化使用，提高教育资源的利用效率。

（二）指导

1. 家访计划

每个孩子都是独一无二的，不同的家庭也会遇到不同的家庭教育难题，对于家庭教育指导师来说，进行家访是了解孩子家庭情况并对症下药的关键一步。在进行家访时，要评估家长的文化程度和进行家庭教育时的能力，分析孩子的问题与现状，了解每个家庭的教育需求，有针对性地提出家庭教育的对策与建议。面对不同的家庭教育问题，家庭教育指导者可以制定一些个性化的方案供不同家庭使用，来应对多元化的家庭教育问题。

2. 开设父母课程

家庭教育问题没有得到及时解决在很大程度上是由于他们缺少相关的家庭教育知识和经验，以社区为单位开设家庭教育课程供父母学习是提高家庭教育质量的有效措施。开设的课程有儿童发展心理学、教育学、社会学、儿童健康等，家长可以根据自己空闲时间的多少和家庭教育问题的实际情况有选择地进行学习。

3. 创办家长学校

对于一些在课程中学习态度不认真、家庭教育问题较严重的家长，可以责令其到以县区为单位创办的家长学校进行系统化的学习，通过每日打卡、课前签到等形式提高家长进校学习的行动力。

4. 搭建信息共享服务平台

为推动《家庭教育促进法》的有效实施，政府可以搭建信息共享服务平台，利用便捷的信息化技术，提供线上家庭教育指导服务。只需要下载一个 App 或者使用一个微信小程序，就能够利用优质的线上教育资源，如看专家讲解的家庭教育在线课程，与社区分配的家庭教育指导师在线交流，以此解决家庭教育问题。留守儿童的监护人也可以进行家庭教育知识的学习，用视频通话等形式对未成年人进行远程家庭教育。

（三）服务

《家庭教育促进法》第 29 条规定，家庭教育指导机构应当及时向有需求的家庭提供服务。对于父母或者其他监护人履行家庭教育责任存在一定困难的家庭，家庭教育指导机构应当根据具体情况与相关部门协作配合，提供有针对性的服务。针对有特殊需要的家庭，政府和有关部门要给予更多的帮扶，特别是对困境儿童家长的指导和服务。

1. 政府为贫困家庭提供生活帮扶

对于家中缺少劳动力导致收入较低的家庭，可以向政府申请贫困家庭的救助金，未成年人也可以申请助学金解决部分生活问题。基层干部要经常到贫困家庭中走访，了解实际情况，满足贫困家庭最基本的生存需求。

2. 社区、学校等机构为残障儿童家庭提供专门的服务人员

对于有特殊需要的残障儿童，社区需要深入了解他们的身体状况，分配有特殊教育知识储备的家庭教育指导师为其家庭提供教育指导服务，并在就医和就学方面提供便利和支持。

3. 企业为留守儿童、流动儿童家长提供更多的家庭教育机会

对于父母不在身边导致家庭教育缺失的留守儿童、流动儿童，政

府应做出有关规定，降低企业对此类有家庭教育职责的家长的工作时间上的要求，并提供有网络信号的安静场所使他们可以通过视频通话等形式对未成年人进行家庭教育，并留出一定的回乡时间供他们与孩子进行直接接触和交流。

参考文献

著作类

《马克思恩格斯全集》第 23 卷，人民出版社 1972 年版。

《马克思恩格斯文集》第 1 卷，人民出版社 2009 年版。

《马克思恩格斯选集》第 3 卷，人民出版社 1995 年版。

《习近平谈治国理政》（第三卷），外文出版社 2020 年版。

《习近平新时代中国特色社会主义思想学习问答》，学习出版社、人民出版社 2021 年版。

习近平：《习近平谈治国理政》第一卷，外文出版社 2014 年版。

白桂梅：《人权法学》，北京大学出版社 2011 年版。

白桂梅：《人权法学》，北京大学出版社 2013 年版。

陈森斌：《中国残疾儿童状况研究》，苑立新《儿童蓝皮书：中国儿童发展报告（2020）》，社会科学文献出版社 2020 年版。

陈彦艳：《我国儿童权利保护制度研究》，中国政法大学出版社 2016 年版。

韩德培、李龙：《人权的理论与实践》，武汉大学出版社 1995 年版。

何华辉：《比较宪法学》，武汉大学出版社 1988 年版。

李步云：《宪法比较研究》，法律出版社 1988 年版。

李洪波：《困境儿童人格权益的法律保护研究》，中国社会科学出版社 2021 年版。

李双元：《儿童权利的国际法保护》，人民法院出版社 2004 年版。

陆士桢、魏兆鹏、胡伟：《中国儿童政策概论》，社会科学文献出版社
　2005年版。

马克思、恩格斯：《德意志意识形态》，《马克思恩格斯全集》第3
　卷，人民出版社1957年版。

缪建东：《家庭教育学》，高等教育出版社2015年版。

牟宗三：《中西哲学会通之十四讲》，上海古籍出版社1997年版。

史柏年、王思斌：《社会工作实务中级》，中国社会出版社2012年版。

孙笑侠：《程序的法理》，商务印书馆2005年版。

汪习根：《发展权全球法治机制研究》，中国社会科学出版社2008年版。

汪习根：《法治社会的基本人权——发展权法律制度研究》，中国人民
　公安大学出版社2002年版。

汪习根：《平等发展权法律保障制度研究》，人民出版社2018年版。

王道俊、郭文安：《教育学》，人民教育出版社2016年版。

王雪梅：《儿童权利论：一个初步的比较研究》，社会科学文献出版社
　2005年版。

王雪梅：《儿童权利论：一个初步的比较研究》，社会科学文献出版社
　2018年版。

吴康宁：《教育社会学》，人民教育出版社1998年版。

夏勇：《人权概念起源》，中国社会科学出版社2007年版。

夏勇：《中国民权哲学》，生活·读书·新知三联书店2004年版。

徐显明：《人权法原理》，中国政法大学出版社2008年版。

袁振国：《当代教育学》，教育科学出版社1999年版。

曾庆敏：《法学大辞典》，上海辞书出版社1998年版。

周佳：《处境不利儿童平等发展权的社会保障研究》，北京大学出版社
　2016年版。

译著类

［奥］茨达齐尔：《教育人类学原理》，李其龙译，上海教育出版社

2001 年版。

［德］伊曼努尔·康德：《实践理性批判》，邓晓芒译，人民出版社 2003 年版。

［德］伯恩·魏德士：《法理学》，丁晓春、吴越译，法律出版社 2013 年版。

［德］康德：《法的形而上学原理：权利的科学》，沈叔平译，商务印书馆 2005 年版。

［德］马丁·海德格尔：《存在与时间》，陈嘉映等译，生活·读书·新知三联书店 2006 年版。

［法］让－雅克·卢梭：《爱弥儿》，李平沤译，商务印书馆 1996 年版。

［法］让－雅克·卢梭：《社会契约论》，何兆武译，商务印书馆 2001 年版。

［法］让－雅克·卢梭：《社会契约论》，何兆武译，商务印书馆 2003 年版。

［古希腊］亚里士多德：《尼各马科伦理学》，苗力田译，中国社会科学出版社 1990 年版。

［古希腊］亚里士多德：《政治学》，吴寿彭译，商务印书馆 1996 年版。

［美］E. P. 克伯雷：《外国教育史料》，任宝样、任钟印译，华中师范大学出版社 1991 年版。

［美］埃德加·博登海默：《法理学、法律哲学与法律方法》，邓正来译，中国人民大学出版社 2001 年版。

［美］罗纳德·德沃金：《至上的美德：平等的理论与实践》，冯克利译，江苏人民出版社 2003 年版。

［美］罗纳德·科斯：《财产权利与制度变迁》，刘守英译，上海人民出版社 1994 年版。

［美］迈克尔·谢若登：《资产与穷人：一项新的美国福利政策》，高

鉴国译，商务印书馆 2005 年版。

［美］汤姆·彼彻姆：《哲学的伦理学：道德哲学引论》，雷克斯等译，中国社会科学出版社 1990 年版。

［美］约翰·罗尔斯：《正义论》，何怀宏、何包钢、廖申白译，中国社会科学出版社 1988 年版。

［美］约翰·罗尔斯：《作为公平的正义：正义新论》，姚大志译，生活·读书·新知三联书店 2002 年版。

［日］大须贺明：《生存权论》，林浩译，法律出版社 2001 年版。

［瑞典］格德门德尔·阿尔弗雷德松、［挪威］阿斯布佐恩·艾德：《世界人权宣言：努力实现的共同目标》，中国人权研究会组织译，四川人民出版社 1999 年版。

［印度］阿马蒂亚·森：《贫困与饥荒》，王宇、王文玉译，商务印书馆 2001 年版。

［英］戴维·沃克：《牛津法律大辞典》，光明日报出版社 1988 年版。

［英］理查德·克里斯普、里安农·特纳：《社会心理学精要》，赵德雷等译，北京大学出版社 2008 年版。

［英］以赛亚·柏林：《自由论》，胡传胜译，译林出版社 2003 年版。

［英］约翰·洛克：《政府论》，叶启芳、瞿菊农译，商务印书馆 2004 年版。

［英］约翰·密尔：《论自由》，许宝骙译，商务印书馆 1959 年版。

联合国教科文组织：《反思教育：向"全球共同利益"的转变?》，联合国教科文组织总部中文科译，教育科学出版社 2017 年版。

期刊论文

蔡迎旗、胡马琳：《从家规到国法：论我国家庭教育立法的现实诉求与责任分担》，《当代教育论坛》2020 年第 4 期。

曹金龙：《以法治的方式促进家庭教育立德树人》，《福建教育》2021 年第 52 期。

常晓茗：《残疾儿童社会参与权的概念澄清及权利构成——基于法律与文献的分析》，《青少年研究》（山东省团校学报）2015 年第 1 期。

陈爱武：《从家事到国事：〈家庭教育促进法〉的意义阐释》，《中华女子学院学报》2022 年第 34 期。

陈爱武：《家事诉讼与儿童利益保护》，《北方法学》2016 年第 6 期。

陈柏峰：《习近平法治思想中的法治社会理论研究》，《法学》2021 年第 4 期。

陈群：《发达国家教育精准扶贫的政策比较与借鉴——以美国、英国、法国和日本为例》，《当代教育科学》2019 年第 3 期。

陈淑云、陈伟鸿、王佑辉：《住房环境、社区环境与青少年身心健康》，《青年研究》2020 年第 3 期。

程福财：《家庭、国家与儿童福利供给》，《青年研究》2012 年第 1 期。

程豪等：《我国家庭教育的内涵反思与时代重构——基于"构建服务全民终身学习的教育体系"的视域》，《现代远距离教育》2021 年第 6 期。

邓锁：《资产建设与跨代干预：以"儿童发展账户"项目为例》，《社会建设》2018 年第 6 期。

邓旭、马凌霄：《困境儿童教育精准支持及其实现路径》，《辽宁教育行政学院学报》2018 年第 11 期。

丁慧洁、徐丽春：《未成年人监护监督考察制度中检察机关的地位与作用》，《青少年犯罪问题》2021 年第 1 期。

杜承铭：《论基本权利之国家义务：理论基础、结构形式与中国实践》，《法学评论》2011 年第 2 期。

范秋雨：《试论中国自由思想的演变》，《重庆科技学院学报》（社会科学版）2013 年第 12 期。

方舒、苏苗苗：《家庭资产建设与儿童福利发展：研究回顾与本土启示》，《华东理工大学学报》（社会科学版）2019 年第 2 期。

房圆圆：《论优势视角理论在社区矫正中的应用》，《齐齐哈尔大学学报》（哲学社会科学版）2016 年第 8 期。

冯添：《家庭教育促进法：小家之事，大国之治》，《中国人大》2021 年第 21 期。

冯振宁等：《我国残疾人康复机构与人力资源现况及配置公平性研究》，《中国社会医学杂志》2022 年第 39 期。

傅丽红、张国清：《马克思、罗尔斯和社会正义》，《浙江社会科学》2021 年第 2 期。

高敏：《社会变迁中的儿童监护缺失与救济——以南京饿死女童事件为例》，《青少年犯罪问题》2013 年第 5 期。

高毅梅：《乡村振兴与农村教育扶贫的耦合》，《农业与技术》2022 年第 7 期。

国晓华：《中小学教师家庭教育指导的困境与突破》，《继续教育研究》2021 年第 6 期。

何芳：《儿童发展账户：新加坡、英国与韩国的实践与经验——兼谈对我国教育扶贫政策转型的启示》，《比较教育研究》2020 年第 10 期。

胡慧：《我国农村隔代养育的承担者及发展趋势研究》，《重庆工商大学学报》（社会科学版）2022 年第 1 期。

黄红：《从优势视角审视思想政治工作的心理疏导》，《成人教育》2011 年第 10 期。

黄兰松、汪全胜：《关于人权的几点法理学思考》，《中国青年社会科学》2017 年第 4 期。

黄忠敬：《社会与情感能力：影响成功与幸福的关键因素》，《全球教育展望》2020 年第 6 期。

江赛荣：《英国教育福利制度的变迁及其启示》，《外国教育研究》2012 年第 7 期。

蒋昌忠：《论职业教育在教育扶贫攻坚中的主渠道作用》，《中国职业技术教育》2019 年第 21 期。

金红磊：《困境儿童福利可及性：内涵界定与制度构建》，《江西社会科学》2021 年第 1 期。

蓝宇：《民生法治视阈下的弱势群体民生权利保障》，《求索》2009 年第 5 期。

李超群：《适当生活水准权：当代人的基本权利》，《政法论丛》2015 年第 1 期。

李纪恒：《推动形成有利于家庭教育的浓厚社会氛围》，《中国人大》2021 年第 24 期。

李闻新：《家事·国事·法律事——〈家庭教育促进法〉背景下如何与孩子相处》，《心理与健康》2022 年第 4 期。

李兴洲：《公平正义：教育扶贫的价值追求》，《教育研究》2017 年第 3 期。

李忠香：《对农村中小学校图书资源不足的对策思考》，《农业图书情报学刊》2010 年第 2 期。

梁洪霞：《民族自治地方发展权的理论确立与实践探索》，《政治与法律》2019 年第 11 期。

林宝、薄绍晖：《残疾人康复服务的主要问题及政策建议》，《中国医疗保险》2014 年第 1 期。

刘剑：《残疾儿童权利的立法保护》，《河南广播电视大学学报》2010 年第 3 期。

刘雪斌：《新发展理念与我国残疾儿童发展权利的保障》，《人权》2016 年第 3 期。

刘永廷：《家庭教育中的国家干预——为父母解读〈家庭教育促进法〉》，《中华家教》2021 年第 6 期。

刘宇琼、余少祥：《国外扶贫立法模式评析与中国的路径选择》，《国外社会科学》2020 年第 6 期。

陆勤、魏佩君：《轻中度自闭症儿童学前融合教育的实践研究》，《现代特殊教育》2016 年第 21 期。

吕培亮、刘鹏、牟成文：《中国历史性地解决绝对贫困问题的重大意义研究——基于公平正义视角》，《喀什大学学报》2020 年第 5 期。

骆风、王连森：《由传统"家事"上升为新时代"国事"——〈中华人民共和国家庭教育促进法〉解读》，《社会治理》2022 年第 2 期。

马和民、许小平：《西方关于教育平等理论》，《杭州师范学院学报》1999 年第 1 期。

马良、郭玉飞：《儿童保护政策与留守儿童社会支持系统——对贵州毕节留守儿童自杀事件的反思》，《青少年研究与实践》2015 年第 4 期。

马晓琴、曾凡林、陈建军：《儿童参与权和童年社会学》，《当代青年研究》2006 年第 11 期。

马忠法、陈红艳：《可持续发展与人权的时空耦合及动态演进——兼论中国消除贫困和其国际法意义》，《河北法学》2022 年第 1 期。

牟映雪：《中小学家庭教育指导的责任边界、现实问题与实现路径》，《今日教育》2022 年第 4 期。

倪文艳：《流动儿童平等发展权的法律保护原则探究》，《理论观察》2016 年第 11 期。

阮昕：《浅谈自闭症儿童的融合教育》，《现代职业教育》2018 年第 3 期。

宋才发：《精准扶贫是贫困群体实现发展权的根本保障》，《学习论坛》2017 年第 10 期。

宋才发：《中国共产党民族工作的基本经验研究》，《黑龙江民族丛刊》2021 年第 1 期。

宋小娜：《当前家庭教育中存在的问题及解决对策研究》，《考试周刊》2013 年第 4 期。

苏晖阳：《残疾人发展权保障的理论体系与制度实践》，《人口与发展》2022 年第 1 期。

孙红、范会敏：《信息分化、认知差异与家庭教育指导需求分析》，《大学》2021 年第 17 期。

孙立平：《中国社会结构的变迁及其分析模式的转换》，《南京社会科学》2009 年第 5 期。

孙世彦：《论国际人权法下国家的义务》，《法学评论》2001 年第 2 期。

唐勇：《论贫困人口发展权的法律完善》，《北京工业大学学报》（社会科学版）2014 年第 5 期。

唐勇：《论平等发展权的理论渊源》，《观察与思考》2014 年第 5 期。

田欣影、戴聚坤、张丽：《赋权视角下的儿童权利保护——基于 20 世纪以来国际性政策文本的分析》，《南昌航空大学学报》（社会科学版）2015 年第 2 期。

汪洪涛：《以程序公平推进和谐社会建设》，《学术月刊》2007 年第 4 期。

汪习根：《发展权法理探析》，《法学研究》1999 年第 4 期。

汪习根：《新发展理念是实现发展权的根本指引》，《人民日报》2016 年 6 月 8 日。

汪习根、王琪璟：《论发展权法律指标体系之建构》，《武汉大学学报》（哲学社会科学版）2009 年第 6 期。

汪习根、王信川：《论文化发展权》，《太平洋学报》2007 年第 12 期。

王本余：《儿童权利的观念：洛克、卢梭与康德》，《南京社会科学》2010 年第 8 期。

王浩名、岳希明：《贫困家庭子女受教育程度决定因素研究进展》，《经济学动态》2019 年第 11 期。

王嘉毅：《坚持以人民为中心发展更加公平、更高质量的教育》，《教育研究》2022 年第 1 期。

王娜、王逸扬、周芊：《全面二孩政策背景下幼儿家庭教育问题及策略研究》，《佳木斯职业学院学报》2021 年第 37 期。

王淑琴、王俊丽：《随班就读支持保障体系建设的困境与思考——基于 Z 市所有县（市）区及 21 所特殊教育学校（机构）的调查》，《现代教育科学》2022 年第 2 期。

王巍、刘钥：《我国教育救助中儿童发展账户建设研究——基于韩国的启示》，《现代交际》2021 年第 21 期。

王锡锌：《个人信息国家保护义务及展开》，《中国法学》2021 年第 1 期。

王燕阁：《法国社会保障情况》，《国际资料信息》1996 年第 6 期。

王义：《"赋权增能"：社会组织成长路径的逻辑解析》，《行政论坛》2016 年第 6 期。

翁乾明：《"双减"背景下对家庭教育促进法的五点解读》，《福建教育》2021 年第 52 期。

吴鹏飞：《儿童福利权国家义务论》，《法学论坛》2015 年第 5 期。

吴全华：《教育结果公平的内涵及其衍生规定》，《教育理论与实践》2008 年第 25 期。

习近平：《在庆祝中国共产党成立 100 周年大会上的讲话》，《人民日报》2021 年 7 月 1 日。

习近平：《在全国政协新年茶话会上的讲话》，《人民日报》2016 年 1 月 1 日。

夏淼：《共享发展的时代内涵及人学意蕴》，《思想战线》2021 年第 6 期。

项久雨：《新发展理念与美好生活》，《马克思主义研究》2021 年第 10 期。

肖巍：《作为人权的发展权和反贫困》，《社会科学》2005 年第 10 期。

徐瑾劼、杨雨欣：《学生社会情感能力的国际比较：现状、影响及培养路径——基于 OECD 的调查》，《开放教育研究》2021 年第 5 期。

许桂林：《政治社会化视角下的儿童政治启蒙教育》，《少年儿童研究》2021 年第 10 期。

杨晨晨、刘云艳:《早期儿童多维贫困测度及致贫机理分析——基于
　　重庆市武陵山区的实证研究》,《内蒙古社会科学》(汉文版)2019
　　年第 3 期。

杨传利、毛亚庆、张森:《东西部农村地区小学生社会情感能力差异
　　研究:教师与家长教育行为的中介效应》,《西南大学学报》(社会
　　科学版)2017 年第 4 期。

杨欢、张胜:《家校共育的现实之忧、化解之道与落实之径》,《生活
　　教育》2022 年第 4 期。

杨小军、程威:《优势视角下社会工作介入大学生劳动教育的路径探
　　究》,《湖南人文科技学院学报》2020 年第 5 期。

杨永纯:《中国减贫是对人权的贡献》,《人民日报》2016 年 10 月
　　19 日。

姚建平:《从孤残儿童到困境儿童:适度普惠型儿童福利制度概念与
　　实践》,《中国民政》2016 年第 16 期。

叶文振:《家庭教育立法的时代意义与实施路径》,《山东女子学院学
　　报》2021 年第 2 期。

于文豪:《西方自由权之思想演进》,《理论学刊》2008 年第 6 期。

俞国良、李建良、王勍:《生态系统理论与青少年心理健康教育》,
　　《教育研究》2018 年第 3 期。

袁振国、黄忠敬、李婧娟等:《中国青少年社会与情感能力发展水平
　　报告》,《华东师范大学学报》(教育科学版)2021 年第 9 期。

张民选、卞翠:《教育的未来:为教育共建一份社会新契约》,《比较
　　教育研究》2022 年第 1 期。

郑炳心:《冲破利益固化的社会各阶层利益分析与对策》,《海南师范
　　大学学报》(社会科学版)2021 年第 5 期。

郑慧:《何谓平等》,《社会科学战线》2004 年第 1 期。

郑敬高:《中国古代的平等思想》,《中国海洋大学学报》(社会科学

版）2003 年第 1 期。

周弘、彭姝祎:《国际金融危机后世界社会保障发展趋势》,《中国人民大学学报》2015 年第 3 期。

朱永新:《一本微言大义的家庭教育指导书——解读〈中华人民共和国家庭教育促进法〉》,《人民教育》2021 年第 22 期。

英文

Buchanan, R., eds., "Social And Emotional Learning in Classrooms: A Survey of Teachers' Knowledge, Perceptions, and Practices" *Journal of Applied School Psychology*, Vol. 25, No. 2, May 2009.

Brown, P. H., Park, A., "Education and Poverty in Rural China", *Economics of Education Review*, Vol. 21, No. 6, 2002.

Black, S. E., eds., "The More the Merrier? The Effect of Family Size and Birth Order on Children's Education", *Quarterly Journal of Economics*, Vol. 120, No. 2, 2005.

Becker, G. S., Tomes, "An Equilibrium Theory of the Distribution of Income and Intergenerational Mobility", *Journal of Political Economy*, Vol. 87, No. 6, 1979.

Durlak, J. A., eds., "The Impact of Enhancing Students' Social and Emotional Learning: A Meta-analysis of School-based Universal Interventions", *Child Development*, Vol. 82, No. 1, February 2011.

Deković, M., eds., "The Role of Family and Peer Relations in Adolescent Antisocial Behaviour: Comparison of four Ethnic Groups", *Journal of Adolescence*, Vol. 27, No. 5, October 2004.

Heckman, J. J., eds., "The Effects of Cognitive and Noncognitive Abilities on Labor Market Outcomes and Social Behavior", *Journal of Labor Economics*, Vol. 24, No. 3, July 2006.

Huang, J., eds., "Material Hardship and Children's Social-emotional Development: Testing Mitigating Effects of Child Development Accounts in a Randomized Experiment", *Child: Care, Health and Development*, Vol. 43, No. 1, 2017.

Larson, R., eds., "Daily Companionship in Late Childhood and Early Adolescence: Changing Developmental Contexts", *Child Development*, Vol. 62, No. 2, April 1991.

Loken, K. V., "Family Income and Children's Education: Using the Norwegian Oil Boom as a Natural Experiment", *Labour Economics*, Vol. 17, No. 1, 2010.

Masten, A. S., "Ordinary Magic: Resilience Processes Indevelopment", *American Psychologist*, Vol. 56, No. 3, March 2001.

Oscar Lewis, *Five Families, Mexican Case Studies in the Culture of Poverty*, New York: Basic Books, 1975.

Parker, S., Pederzini, C., *Gender Differences in Education in Mexico*, Washington, D. C.: World Bank, 2000.

Rothon, C., eds., "Family Social Support, Community 'Social Capital' and Adolescents' Mental Health and Educational Outcomes: A Longitudinal Study in England", *Social Psychiatry & Psychiatric Epidemiology*, Vol. 47, No. 5, January 2012.

Shofq, M. N., "Household Schooling and Child Labor Decisions in Rural Bangladesh", *Journal of Asian Economics*, Vol. 18, No. 6, 2007.

Terpstra J. E., Tamura R., "Effective Social Interaction Strategies for Inclusive Settings", *Early Childhood Education Journal*, Vol. 5, No. 35, 2007.

United Nations, *Convention on the Rights of Persons with Disabilities*, the Committee's Bi-Annual Report A/RES/61/106, December 13, 2006.

Van Noorden, eds., "Empathy and Involvement in Bullying in Children Andadolescents: A Systematic Review", *Journal of Youth and Adoles-*

cence，Vol. 44，No. 3，March 2015.

Rawls John，*A Theory of Justice*，Cambridge：Mas-sachusetts，1999.

West，M. R.，eds.，"Trends in Student Social-emotional Learning：Evidence from the First Large-scale Panel Student Survey"，*Educational Evaluation and Policy Analysis*，Vol. 42，No. 2，March 2020.

Schaar，J. H.，"Some Ways of Thinking About Equality"，*The Journal of Politics*，Vol. 26，No. 4，Nov. 1964.

学位论文

丰向日：《"教育平等"观念在中国（1840—2007）》，博士学位论文，华东师范大学，2008 年。

宋丁博男：《论我国儿童发展权的法律保障》，博士学位论文，武汉大学，2018 年。

唐梅玲：《精准扶贫的行政法保障研究》，博士学位论文，中南财经政法大学，2018 年。

王勇民：《儿童权利保护的国际法研究》，博士学位论文，华东政法大学，2009 年。

杨宇莘：《我国家庭教育指导师培养研究》，博士学位论文，西南大学，2018 年。

朱恒顺：《我国残疾人权利保障的理念更新与制度重构》，博士学位论文，山东大学，2016 年。

谷新宇：《我国未成年人国家监护制度研究》，硕士学位论文，宁波大学，2017 年。

卢笑宇：《平等发展权的宪法保障》，硕士学位论文，四川师范大学，2011 年。

宋青楠：《智障儿童发展权的法律保护》，硕士学位论文，黑龙江大学，2013 年。

马东东：《城市流动家庭婴幼儿亲职教育研究》，硕士学位论文，云南大学，2015 年。

王之师：《成都市以社区为平台的困境儿童救助保护机制研究》，硕士学位论文，西南交通大学，2015 年。

王林芝：《中学生"社会位移"解读》，硕士学位论文，广西师范大学，2002 年。

杨国平：《论儿童发展权及其法律保护》，硕士学位论文，贵州大学，2008 年。

叶慧：《20 世纪历史进程中"儿童权利"的演进》，硕士学位论文，上海师范大学，2012 年。

郑善礼：《儿童参与权法律保护制度研究》，硕士学位论文，中国海洋大学，2015 年。

网络资源

联合国：《发展权利宣言》，1986 年 12 月 4 日，http：//www.scio.gov.cn/ztk/dtzt/34102/35574/35577/Document/1534188/1534188.htm，2022 年 5 月 26 日。

联合国：《千年宣言》，2000 年 9 月 8 日，http：//www.un.org/chinese/ga/55/res/a55r2.htm，2022 年 5 月 26 日。

国家市场监督管理总局：《中华人民共和国未成年人保护法》，2020 年 10 月 17 日，https：//gkml.samr.gov.cn/nsjg/bgt/202106/t20210610_330495.html，2022 年 5 月 30 日。

中华人民共和国教育部：《2020 年全国教育事业公报》，2021 年 8 月 27 日，http：//www.moe.gov.cn/jyb_sjzl/sjzl_fztjgb/202108/t20210827_555004.html，2022 年 5 月 25 日。

国务院办公厅：《国务院办公厅关于转发教育部等部门"十四五"特殊教育发展提升行动计划的通知》，2022 年 1 月 25 日，http：//www.gov.cn/zhengce/content/2022-01/25/content_5670341.htm，2022 年 5 月 30 日。

中国残疾人联合会：《2021 年残疾人事业发展统计公报》，2022 年 3 月 31 日，https：//www. cdpf. org. cn/zwgk/zccx/tjgb/0047d5911ba34 55396faefcf268c4369. htm，2022 年 5 月 25 日。

中华人民共和国教育部：《教育部印发〈关于加强残疾儿童少年义务 教育阶段随班就读工作的指导意见〉——应随尽随促残疾少儿更好 融入社会》，2020 年 6 月 29 日，http：//wap. moe. gov. cn/jyb_ xw fb/s5147/202006/t20200629_ 468983. html，2022 年 5 月 24 日。

中华人民共和国中央人民政府：《中国目前的残疾儿童康复现状及存 在的问题》，2018 年 6 月 1 日，http：//www. gov. cn/xinwen/2018- 06/01/content_ 5295374. htm，2022 年 5 月 24 日。

中华人民共和国中央人民政府：《中国发布第二次全国残疾人抽样调 查主要数据公报》，2007 年 5 月 28 日，http：//www. gov. cn/jrzg/ 2007-05/28/content_ 628517. htm，2022 年 5 月 30 日。

中华人民共和国中央人民政府：《国务院关于加快推进残疾人小康进 程的意见》，2015 年 2 月 5 日，http：//www. gov. cn/zhengce/con- tent/2015-02/05/content_ 9461. htm，2022 年 5 月 26 日。

中国政府网河南省人民政府：《民政部关于进一步开展适度普惠型儿 童福利制度建设试点工作的通知》，2014 年 4 月 18 日，https：// www. pds. gov. cn/contents/4625/18816. html，2022 年 5 月 23 日。

中华人民共和国中央人民政府：《国务院关于印发"十四五"残疾人保障 和发展规划的通知》，2021 年 7 月 21 日，http：//www. gov. cn/zhengce/ content/2021-07/21/content_ 5626391. htm，2022 年 5 月 23 日。

致　　谢

　　20 年前，我刚刚入北京师范大学读博士，在导师袁振国教授的指导下研究中国基础教育政策问题。我选择的研究群体是流动儿童，更确切地讲是进城务工就业农民随迁子女。2005 年我的博士学位论文《农民工随迁子女义务教育政策执行研究》通过答辩，并于 2007 年由教育科学出版社"教育博士文库"遴选出版。那是我人生中的第一本专著，也开启了从发展权角度思考困境儿童保护路径的学术之旅。此后的岁月里，围绕这一主题申请了国家社科基金项目、教育部人文社科基金项目等科研课题，发表了多部专著和论文。2022 年，当我和我的研究生回忆起这段研究之旅时，学生问起是哪些学者的研究直接影响到我，我说那一定是素未谋面的汪习根老师，他关于发展权的研究给了我太多的启示和指引。我将汪老师的著作《平等发展权法律保障制度研究》推荐给学生，学生们在这本书的启发下结合我承担的国家社科基金课题《新时期城市困境儿童社会性生存风险及教育干预路径》的研究形成了各自的研究成果，这些研究成果成为本书初稿的重要来源。所以，本书与其说是我的专著，不如说是在研究生教学中生成的共同成果，这里面有刁燕洁、贺静云、陶源沁、陈晓颖、李昕宇、桑娴、肖慧和张璐怡同学的智慧和贡献。

　　为更好地反映国内外关于困境儿童发展权保护的理论和实践成果，本书引用了诸多学者的研究成果，在此，对他们表示敬意和感谢。本书受杭州师范大学引进人才科研启动金的资助，在出版过程中得到中国社会科学出版社许琳编辑的大力支持和帮助，感谢她的辛勤付出。

特别感谢我的父母、我的先生和儿子，是你们让我在美好的家庭生活之余可以从事学术研究，很欣喜、很幸福。

周　佳

2022 年 5 月 31 日

杭州师范大学诚园